源頼朝に挑んだ
秋田人
大河兼任《おおかわかねとう》

佐藤晃之輔

干拓前の八郎潟と周辺図

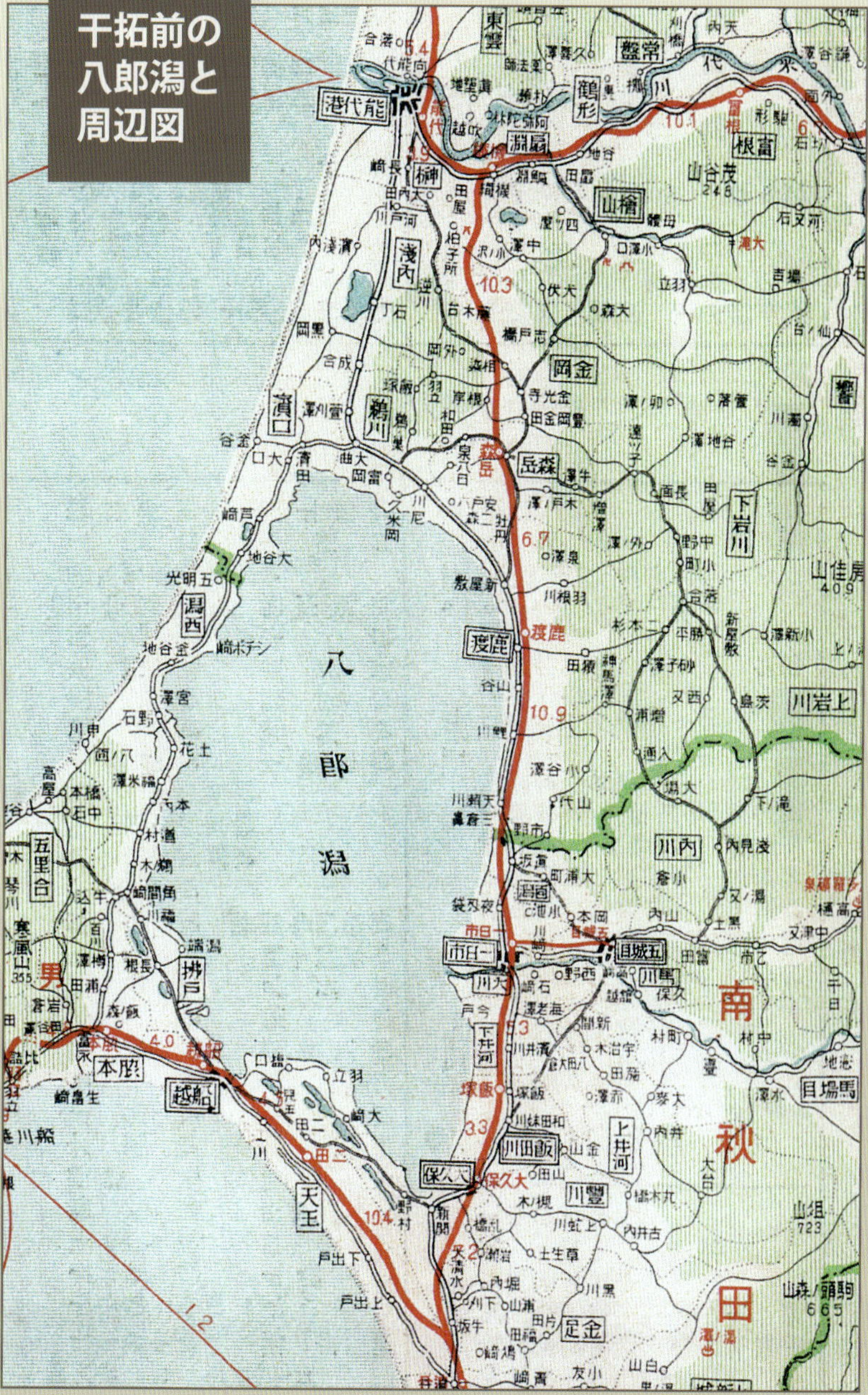

伝説の地を訪ねる

平成4年当時の北ノ又集落／本文102頁

平成6年当時の北ノ又盆城跡
／本文103頁

下山内八幡神社／本文104頁

北川尻真山神社／本文104頁

川原崎城跡／本文105頁

大潟橋付近から夜叉袋地区を望む／本文54頁

堤防付近から三倉鼻を望む／本文54頁

館の上館跡（○印）を望む／本文56頁

三倉鼻農村広場から天瀬川集落北方を望む／本文61頁

門間庄兵衛家が所在する芦崎集落の家並み
／本文106頁

鈴木宗因屋敷にあったと
される石碑／本文105頁

まえがき

昨年（令和5）発行した『秋田・大潟村の話しっこ』の中で、「大河兼任《おおかわかねとう》の挙兵と志加渡」について、少しだけ触れてみました。この時、大河兼任はとても謎に包まれた人物だと思いました。もう少し調べて、今度は兼任に関した本を著してみようと考えました。差し当たって本のタイトルを「大河兼任と五千人水死の謎」として始めました。いろいろ文献を開いていくうちに謎が解明するどころか、ますます謎が深まるばかりで、すっかり迷路に入り込んでしまいました。それはそれで、不明な点が多いことを正直に書きとどめれば、今後の研究材料にもなると思いながら進めてみましたが、進行していくうちに、兼任は秋田人にない気骨のある人物だと思うようになりました。そして、兼任の実行力を次第に評価するようになり、題名を「源頼朝に挑んだ秋田人・大河兼任」と変更したのです。

前述した『秋田・大潟村の話しっこ』については、秋田魁新報社文化部・羽生恭子さんが、「内容を分かりやすく伝えるため、語り口調の一問一答形式としている」旨の書評を掲載してくださいました。私は、この形式が評価されたものと自分に都合よく解釈し、今回は明子と正男の夫婦が会話を重ねながら、物語を進めていくという方式にしてみました。歴史関係の書では、あまり見られない方法なので、果たして読者はどう受け止めてくれるでしょうか……

源頼朝に挑んだ秋田人・大河兼任

目次

一話

大《おお》河《かわ》兼《かね》任《とう》の謎を探る

一、大河兼任の挙兵

明子　秋田県の歴史に必ず登場するのが「大河兼任の乱」です。このことについて概要を教えてください。

正男　平泉王国（岩手県奥州市）を誇った藤原氏は、文治5年（1189）9月に、源頼朝によって攻められ滅びました。大河次郎兼任（大河兼任）はこの仇を討とうとして立ち上がったと言う話です。この話を要約すると次のような内容になっています。

「文治6年（1190）1月6日、大河兼任が源頼朝に敗れた平泉の藤原泰衡《やすひら》の仇を討とうとして7000余人の兵を率いて鎌倉に向かって出陣。秋田大方の志加渡の途中、急に氷が消えて5000余人が溺死《できし》した」

明子　とてもミステリアスな話ですね。本当にこのようなことがあったのでしょうか。このことは何の本に書かれていますか。

正男　このことは『吾妻鏡《あずまかがみ》』という本に記載されています。平安時代や鎌倉時代の頃のことは、秋田県内には記録が乏しく、中央の史料や資料（以下、史資料）から情報を得なければならないのです。

このように書いていたら、ふと「邪馬台国《やまたいこく》と卑弥呼《ひみこ》」のことを思い浮かべました。日本の歴史の初期に登場する女王卑弥呼のことです。このことは国内に記録がなく、西暦200年代末に中国で書かれた『三国志』の中の魏志倭人伝《ぎしわじんでん》に載っているため、日本で知ることになりました。大河兼任も吾妻鏡に、もし記載されていなかったら秋田県では知ることができなかったわけです。ちょっと似た感じがすると思って触れてみました。

吾妻鏡

明子　『吾妻鏡』とは、どのような本ですか。

正男　『吾妻鏡』は『東鑑』とも呼ばれていますが、現在は『吾妻鏡』が一般的に使用されているようです。この書は鎌倉幕府が編さんしたもので、治承４年（１１８０）から文永３年（１２６６）までの87年間の記録です。鎌倉幕府の長年の事跡が日記風に記載されているとともに、公家日記なども織り込まれています。全52巻の文献です。

明子　『吾妻鏡』の活字本が作られていると思いますが、どこに行けば見られますか。
また、ついでにお聞きしますが、『吾妻鏡』の原本はどこに保存されていますか？

正男　秋田県立図書館や県内の大きな図書館にはあります（吉川弘文館発行）。しかし、『吾妻鏡』の文章はすべて漢字で書かれているので、一般の人にはちょっと読みにくい内容です。私にはとても読むことができません。変体漢文といって、正規の漢文ではなく、日本的な用字法を取り入れて書かれています。

なお、原本は国立公文書館に保存されていると聞いています。『横手市史』に写真が掲載されているので、こちらから転載させてもらいます。

明子　さて、文体が実際どのような形態になっているか知りたいものですね。5000人が溺死した部分だけを載せてもらえないでしょうか。

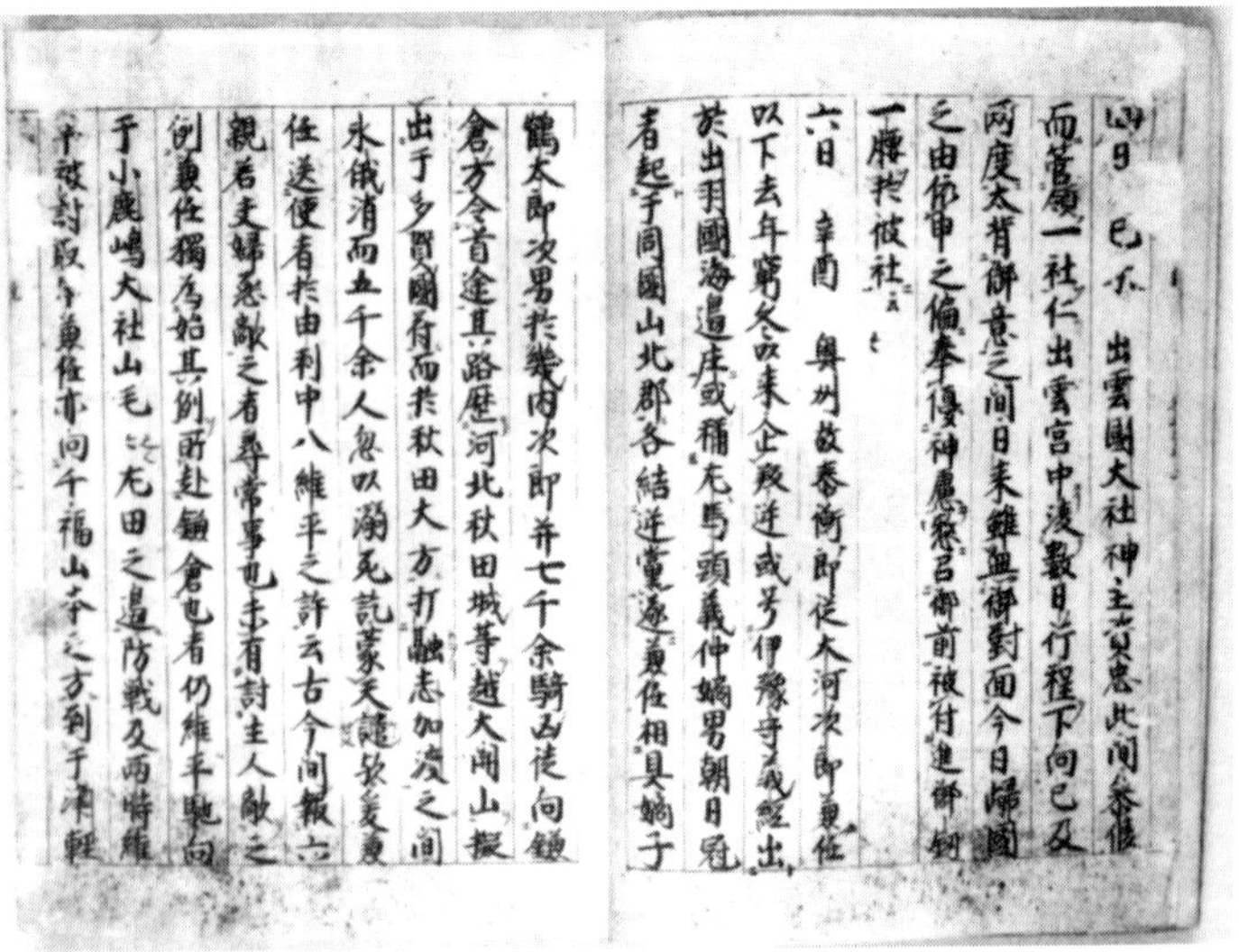
四日　己丑　出雲國大社神主資忠此間参候
而旧蔵一社仁出雲宮中凌數日行程下向已及
両度太背御意之間日来雖無御對面今日帰國
之由依申之偏奉優神慮召御前被行進御剣
一腰於彼社云々
六日　辛酉　奥州故泰衡郎從大河次郎兼任
以下去年窮冬以来企叛逆或号伊豫守義經出
於出羽國海邊庄或稱左馬頭義仲嫡男朝日冠
者起于同國山北郡各結逆黨遂兼任相具嫡子
鶴太郎次男於畿内次郎并七千余騎凶徒向鎌
倉方令首途其路歴河北秋田城等越大関山擬
出于多賀國府而於秋田大方打融志加渡之間
氷俄消而五千余人忽以溺死訖蒙天譴歟爰兼
任送使者於由利中八維平之許云古今間報六
親若夫婦怨敵之者尋常事也未有討主人敵之
例兼任獨為始其例所赴鎌倉也者仍維平馳向
于小鹿嶋大社山毛々佐田之邊防戦及両時維
平被討取今兼任亦向千福山本之方到于津軽

『吾妻鏡』（国立公文書館所蔵：横手市史より転載）

正男　分かりました。それではこの部分を掲載します。

> 六日辛酉。奥州故泰衡郎従大河次郎兼任以下。去年窮冬以来。企二叛逆一。或号二伊豫守義經一。出二於出羽國海辺庄一。或稱二左馬頭義仲嫡男朝日冠者一。起二于同國山北郡一。各結二逆黨一。遂兼任相具嫡子鶴太郎。次男於幾内次郎。并七千余騎凶徒。向二鎌倉方一令二首途一。其道歴二河北秋田城等一。越二大關山一。擬出二于多賀國府一。而於二秋田大方一。打二融志加渡一之間。氷俄消面。五千餘人忽以溺死訖。蒙二天譴一歟。

明子　うーん、ちょっと読めないですね。現代語に訳した本がないでしょうか。

正男　現代語訳の本があれば助かると思って探したところ、これも吉川弘文館から発行されていることが分かりました。16巻になっています。県立図書館をはじめ、主な図書館にあるようです。市販本になっているので、近くの書店に注文すると手に入れることができます。

明子　それでは、先ほどの原文のところの現代語訳を紹介してもらえませんか。

正男　はい、分かりました。次の通りです。

一月六日辛酉《かのととり》。奥州の故藤原泰衡《やすひら》の郎従《ろうじゅう》（家来）であった大河次郎兼任以下が、去年の十二月より反逆を企て、あるいは伊予守《いよのかみ》源義経と称して出羽国海辺庄《あまべのしょう》に現れ、あるいは左《さ》馬頭《まのかみ》木曽《きそ》義仲《よしなか》の嫡男朝日冠者《かじゃ》（志水義高）と称して同国山北《せんぼく》（仙北）郡で挙兵した。それぞれに反逆の一味を結成し、ついに兼任は嫡子の鶴太郎、次男の於幾内《おきない》次郎および七千余騎の凶徒を率いて鎌倉の方に向かい出陣した。その経路は河北・秋田城などを経て大関山を越え、多賀国府に出ようとするものであった。しかし、秋田大方の志加の渡を渡ろうとしたところ、氷が突然消えて五千余人がたちまち溺《おぼ》れ死んでしまった。天罰を受けたのだろうか。

大河兼任という人物

明子　大河兼任のことについてとても興味を感じます。もっと詳しいことを知りたいと思います。いつどこで生まれ、どこに住んでいて、どこの土地を支配していたのか？　また、秋田大方とはどこで、どこの場所から渡って、どの付近で水難事故にあったのか具体的に教えてください。

正男　根幹に関する質問ですね。この質問を具体的に整理すると、次の6項目に分類されるのではないでしょうか。

①　領域（支配地、勢力範囲）

②居住地（拠点、根城）
③出自（素性・系譜など）
④秋田大方の場所
⑤志加渡の解釈
⑥渡りを開始した地点と遭難した場所

明子　はい、この6点について知りたいのです。

正男　私はこのことを知りたくて、色々な文献をめくっていますが、このことについては①〜⑥のいずれもはっきり判明していないようです。

明子　なぜ分からないのですか。

正男　それは、『吾妻鏡』の中には「秋田大方の志加渡」と記した文字のほかは、ほとんど大河兼任に関する記述がないからです。このため、歴史家や郷土史家たちは〝秋田大方〟と〝志加渡〟の言葉から各々自分の推理・推測によって述べるしかないのです。したがって、解釈に若干の相違があり、各市町村史や歴史書が必ずしも一致したものになっていません。

明子　そうすると大河兼任は謎の人物というわけですね。それでは、市町村史や歴史書（以下、書籍という）にどのように記述されているか知りたいものですね。具体的に書名を挙げて教えてください。

正男　それでは私が今まで手にした本で、大河兼任について記載されているものを列記してみます。その前に、どの書籍にも同じ人名や地名が出てくるので、この読み方と説明を簡潔に加えることにします。

〔人名〕

■伊予守義経《いよのかみよしつね》：源義経のこと

■藤原泰衡《ふじわらやすひら》：平泉藤原氏の三代目。清衡《きよひら》―秀衡《ひでひら》―泰衡と続いたが、奥羽合戦後の文治5年9月、河田次郎によって殺害される

■二藤次忠季《にとうじただすえ》：大河兼任の弟。奥羽合戦後に頼朝の御家人になる

■新田三郎入道《にいださぶろう》：大河兼任の弟（忠季の弟）。奥羽合戦後に頼朝の御家人になる

■鶴太郎：大河兼任の長男。兼任の挙兵に加わる

■於機内次郎《おきないじろう》：大河兼任の次男。兼任の挙兵に加わる

■由利中八維平《ゆりちゅうはちこれひら》（由利維平）：大河兼任と同時期に由利地区を支配した豪族。〔奥羽合戦では藤原氏側に付いて頼朝軍と戦い、敗れて捕らえられたが、尋問に堂々と反論する態度が頼朝に気に入られ、御家人に取り立てられたとされる〕

■秋田致文《あきたむねふみ》：大河兼任と同時期の豪族。領域（支配地）は、はっきりしていない。奥羽合戦では藤原氏側に付き頼朝軍と戦い落命

■橘公業《たちばなきんなり》：奥羽合戦後に頼朝が男鹿地域に配置した地頭。小鹿島公成とも書く
■宇佐美実政《うさみさねまさ》：奥羽合戦後に頼朝が青森県津軽地方に配置した地頭

〔地名〕
■男鹿大社山《たいしゃやま》：男鹿真山と推定
■毛々左田《ももさだ》（百三段《ももさだ》）：秋田市新屋・豊巻地区
■秋田城：奈良・平安時代に諸国に置かれた国の役所の一つで秋田市の高清水に置かれた
■出羽国海辺荘《あまべのしょう》：荘園の名称。山形県酒田・遊佐地区。河辺（秋田県）の書き違いとの説がある
■山本《やまもと》・山北《せんぼく》：山本は仙北郡。山北は仙北・平鹿・雄勝の三郡を呼ぶ場合と仙北郡だけの場合がある

〔用語〕
■奥羽合戦：文治5年8月に頼朝が平泉藤原氏を攻めた戦い。この合戦で藤原氏は滅びた
■地頭：その地域を管理・監督する役職
■御家人：頼朝の直属の家来
■留守所《るすどころ》：在京の国司に代わって国務を執行する役所
■郎従《ろうじゅう》、郎党《ろうどう》：家臣および家来

二、各市町村史から見る大河兼任

1『昭和町史』

この町史は、昭和61年（１９８６）の発行です。第二章に、「大河兼任の乱」が掲載されています。関連する部分を意訳して紹介します。

……清原氏の滅亡とともに、それまでの領主層も当然代わったであろう。郷土付近は平泉・藤原氏の末期に秋田致文、さらにその北には大河兼任など有力武士層が新しく定着し平泉の配下にあった。

兼任の領地、本拠地については二、三の説があるが、今の南秋田郡の北部から山本郡の南部にかけての地域を支配した豪族とみられる。また、出生は湖岸の五城目大川であると考えられる。

「志加渡」についても解釈が分かれる。鹿渡の地名とする説に対し、志加はシガで氷を指す方言から出たもので、氷の上を渡ることとする説などがあるが、現在は後者が定説となっている。だが、どこから渡り始めたのかその場所は定かでない。目標は対岸の男鹿であったと想像される。

大きな痛手を受けた兼任軍はすぐ立ち直った。その勢いに押されて、新地頭として男鹿にきたばかりの橘公業は逃走した。兼任から行動を共にして主君の仇を討つよう誘われた由利郡の地頭由利維平は、それに従わずに男鹿まで北進するなど、各地で防戦につとめたが、毛々左田（百三段）で討死した。

2『飯田川町史』

この町史は、平成12年（２０００）の発行です。第二章に、「大河兼任の乱」が掲載されているので、関連する部分を意訳して紹介します。


……平泉の藤原一族が滅ぼされたのち、大半の在地領主は源頼朝に従った。その中で、湖東部を領域にしていた大河兼任だけが頼朝に降伏せず、頼朝に対して反乱を起こすことになる。

兼任の本拠地は八郎潟の東岸地方とされ、大河の名から五城目大川であった可能性が強いとされている。

この時の兵力は７０００人ともいわれ、大方（八郎潟）の氷の上を渡っていた時、あまりの大軍に氷が割れ、約５０００人が溺死《できし》するという大惨事を起こした。この軍団は湖東部を中心に編成されたと思うので、飯田川付近の多くの住民は参加を余儀なくされていたものだろう。

兼任の大軍が遭難した場所は定かでないが、馬踏川《ばふみがわ》河口付近から西方の野村に向かう途中の出来事であろうと推測されるが、これほどの人数の遭難にもかかわらず、それらしい遺物は何一つ発見されていない。

3『井川町史』

この町史は、昭和61年（１９８６）の発行です。第一章・第一節に、「大河兼任の乱と古代の終焉《しゅうえん》」が掲載されています。関連する部分を意訳して紹介します。

……源頼朝の奥州支配に不満な地方豪族や、平泉藤原氏の残党は、各地で反抗を続けていた。『吾妻鏡』によると、ある者は出羽国海辺荘（山形県庄内・遊佐地方）で伊予守源義経を名乗り、ある者は山北郡（仙北郡）に潜伏して木曽義仲の嫡男朝日冠者と言って反乱を企てたとある。このなかで、反乱の行動を起こしたのが大河兼任である。

兼任の本拠地は、南秋田郡北部から山本郡南部にわたる地域、すなわち大川（馬場目川）流域であったとされている。

ところが、出陣して大方（八郎潟）の志加渡を渡っていた時、急に氷が割れて5000人の兵士が溺死《できし》するという大惨事が起こった。いわゆる「しが渡の悲劇」である。

この痛手にもかかわらず、勢力を盛り返した兼任は、男鹿の大社山や毛々左田（百三段）で、橘公業、由利維平を破り、北に転じて津軽の宇佐美実政らを打ち破った。

4『八郎潟町史』

この町史は、昭和52年（1977）の発行です。第四章・第一節に、「大河兼任の乱と地頭」が掲載されています。関連する部分を意訳して紹介します。

……大河兼任については、鵜川の人、五城目周辺の豪族などとはっきりしない。『秋田県史』に、南秋田郡の北部と山本郡大半を領有し、本拠については、大川であったとしている。

大川の四ツ谷に平泉の残党が数人捕らえられて生き埋めされた伝説がある。夜叉袋《やしゃふくろ》には、源義経一行が八郎潟の氷上で遭難し、一夜の宿を乞うたという伝説がある。このように義経に関する伝説が近所に四、五ある。下山内の組田にある八幡社は高崎の広ケ野台にあったとき、義経が、轡《くつわ》を奉納して戦勝を祈願したとか、馬場目の北ノ又の盆城《ぼんじょう》に義経がしばらく潜《ひそ》んでいて蛇喰《じゃばみ》の八幡社を祭ったと言われている。思うにこれは、兼任が〝伊予守義経〟と名乗ったことかららしい。

兼任は平泉政権の下にあって、平安末期に湖東一円から山本郡の一部にわたる支配者であったらしい。その時代の地方豪族の大部分は、自分の住んでいる土地の名を姓にする例が多いことから、兼任も大川村に住んでいたから大河と名乗ったとする考えが無難ではないだろうか。

5 『五城目町史』

この町史は、昭和33年（1958）の発行です。古代の郷土編・古代のおわりの項に、「大河兼任の乱」が掲載されています。関連する部分を意訳して紹介します。

……兼任については、『吾妻鏡』の記事以外に知る史料がない謎の武将であるが、少ない記録からわが郷土と関係が深い豪族であったことが想像できる。ただ『吾妻鏡』には、山北地方（雄勝・平鹿地方）から起こったように出ているが、大河の姓といい、反乱を起こしてからの行動などから判断すると、現在の山本郡八郎潟沿岸北部か、南秋田郡湖東地区から起こったと想像される。米代川河口地域が兼任の領地とする説もあるが、はっきりした大川の地名によった方がより自然である。大河を名乗ったのは大川に本拠を置いたからであろう。

彼が拠点としたのは石崎柵で、秋田城下の守備部隊の任についていたものであろう。岩野山に葬られた豪族の子孫という想像もなりたつ。兼任は五城目町・八郎潟町から八郎潟の北部一帯までをおさえていたものと思われる。

『吾妻鏡』に記載されている「秋田大方の志加渡において氷が破れ、5000余人が溺死した」という秋田大方は八郎潟であり、志加渡は鹿渡（琴丘町鹿渡）であろう。志加渡を〝シカノ渡〟と読まずに〝シガノ渡〟として氷上を渡るという意味に解釈する向きもあるが、鹿渡の地名の方がすっきりするであろう。

6『琴丘町史』

この町史は、平成2年（1990）の発行です。第一章・第二節に「大河兼任の乱」が掲載されています。関連する部分を意訳して紹介します。

……大河兼任は、八郎潟北部の沿岸を本拠地とし、出羽留守所を構成する郡司的性格の豪族であったと考えられる。
挙兵した兼任は、八郎潟の「志加渡」を渡ろうとしたところ、凍った湖が急に融けて兵士5000余りが溺死したとされる。このことは『吾妻鏡』に記されているが、記事中に出てくる「志加渡」の所在地は不明である。一説によれば、これは地名ではなく、「志加(しか)は氷(しが)」であり、凍結した湖上を渡ったという意味だという。また、一説によれば、「志加渡は鹿渡」であり、鹿渡について現在確認できる最古の文献上の記録であるという。

7『八竜町史』

この町史は、昭和43年(1968)の発行です。第二章・八竜の歴史の中に、「大河次郎兼任と鵜川」が掲載されています。関連する部分を意訳して紹介します。

……藤原泰衡は源義経の首を鎌倉に送ることによって父祖伝来、栄華を誇った奥州の地の安泰を図ろうとしたことであろう。しかし、源頼朝の狙いは義経の死をもって達成されるものではなかった。そのため文治5年(1189)8月、頼朝の大軍はついに奥州を平定し、平泉を逃走した泰衡も比内地方の贄《にえ》の柵《さく》において家臣の河田次郎に殺されるのである。

　このように強大な鎌倉の軍勢になすすべもなく、敗れ去った奥羽勢の中で、大河兼任はただ一人、頼朝に反撃を加えたのである。それは、1190年正月のことであった。（略）

　兼任はまず能代、秋田の軍勢7000余を率いて、奥州征伐に功績があって男鹿地方に配置された橘公業を討つため「秋田大方」において、「志加渡」を進撃したが、にわかに氷が割れて瞬時に5000の兵を失った。

　しかし、兼任はすぐに再起し再び橘公業を攻めて、これを逃走させるとともに、その勢いに乗ってさらに諸方の兵を従え、1万の軍勢で奥州に攻めのぼった。だが、この報に接した頼朝は、足利義兼《あしかがよしかね》、千葉常胤《ちばつねたね》、比企能員《ひきよしかず》たちを将とする追討軍を奥州に向け、一迫《いちはざま》および衣川（ともに宮城県）において兼任の軍を撃破した。そして、兼任は敗走の途中、土民によって殺されるのである。同年3月のことであった。

　それでは、大河兼任の根拠地はどこであったのだろうか。これについて吉田東吾博士は、『大日本地名辞典』の「山本郡鵜川」の項に、「鵜川は昔、大河と呼ばれ、大河次郎兼任の在名に因りて起こりし地ならずや」と記している。

　兼任は、7000の兵をもって「秋田大方」に進撃し、「志加渡」を渡るが、秋田大方は八郎潟であろう。志加渡については地名の鹿渡（三種町）であるという解釈と、氷上渡りのこととする解釈の二説があり、吉田博士は、後者であると述べている。

いずれにしても、兼任が男鹿以北の地にいたことは間違いなく、しかも能代周辺で「大河」の古地名がある所は鵜川しかない。そこで今は「鵜川に擬《ぎ》して後考を待つ」としている。

三倉鼻が交通の難所であったことは前述したが、正月に軍を起こし、しかも奇襲をもって行われようとする時、日本海沿岸を迂回《うかい》するよりも氷上の最短距離を選ぶことが十分考えられることであろう。ただ、その場合どの地点から八郎潟を進み、どこで5000の兵を失ったかは依然として不明である。

ともかく、この地に起こった豪族としての大河兼任の存在が知れることは意義深い。そして鵜川にその根拠をさぐるならば、今に地名として残る「館ノ上」が最もふさわしい所といえよう。

8『若美町史』

この町史は、昭和56年（1981）の発行です。第三編・第五節に「大河兼任の反乱」が掲載されています。関連する部分を意訳して紹介します。

……反乱軍の主人公、秋田の地侍・大河兼任については、『吾妻鏡』のほか知る文献はないが、これによれば、元藤原姓を名乗り由緒あるものだったらしい。だが、その系譜はよく分かっていない。奥州藤原氏の郎従と自ら名乗っているところである。弟に二藤次忠季と新田三郎入道などひとかどの人物がいることから察して、平泉郎従の中でも優れた豪族だったと思われる。弟のうち忠季は、頼朝の平泉征伐の時、藤原泰衡郎従として戦うが、捕らえられて一時、囚人（とらわれ人）の身となった。後に許されて頼朝の御家人となり、兄兼任の反乱の時、その征伐軍に向けられた。また、忠季の兄新田三郎入道も頼朝のもとに走った。そして忠季ともども兼任の征伐軍として忠実に働いている。兼任の反乱には肉親も信頼できない無謀なものがあったからだろうと思われる。

兼任の本拠地については、色々な説があってはっきりしないが、古代から要地とされた馬場目川流域の五城目町大川とする説は、最も無理ないものと受け取れる。兼任はここで広大かつ豊穣な秋田平野を背景に勢力を張っていたのかも知れない。

兼任は、反乱の理由を主人の仇を討つためと言っているが、そのほかこの土地へ橘公業など多くの鎌倉勢力が割り込んできたことで、経済的にも社会的にも重圧を感じたことがむしろ直接的な理由であったとみられる。

9『男鹿市史・上巻』

この市史は、平成7年（1995）の発行です。第一章・第二節に「大河兼任の乱」が掲載されています。関連する部分を意訳して紹介します。

……平泉藤原氏累代の郎従であったといわれる大河兼任の本拠地は、現在の南秋田郡北部から山本郡南部にかけてであったとされる。国府・秋田城（律令制下で諸国に置かれた国の役所。秋田城は秋田市高清水に置かれた）と関係がある郡司であり、在地領主とみられている。彼とその一族は、前年、平泉滅亡の時点から反乱を企図していたようである。

大河兼任の系譜は、『吾妻鏡』によると、「二藤次忠季は兼任の弟で頼朝の御家人、忠季の兄・新田三郎入道は同じく兼任に背き参上す」とある。いずれも乱の勃発時に兼任と反対の行動をとっている。兼任と同一行動をとったのは、長男と次男であった。

兼任の出自については、安倍氏の子孫で小松三郎武嗣《たけつぐ》の次男と伝える系図がある。これをみると、新田三郎が兼任の兄となっている点が異なる。兼任の叔父・武任《たけかね》と父・武嗣は藤原泰衡に同意して討ち死にしたことは確証がないが、この系図を信ずるならば、あるいは、兼任は陸奥の国から秋田郡へ派遣され、大方（八郎潟）の東岸に定着していたのでないだろうか。（略）

兼任は7000の兵で鎌倉を最終目標として、まず、多賀の国府（宮城県）を目指して反乱を起こした。その前に側面の敵、男鹿にいた橘公業を討つため、結氷した大方を渡ろうとしたところ、氷が解け5000余人が溺死《できし》したというのである。八郎潟が干拓された時、もっとも関心を集めたのは5000人もの兵士が潟の藻屑《もくず》と消えたのだから、当時の遺骨や身に付けていた武具の破片ぐらいは出るのではないかと期待された。しかし、ヘドロの底深く埋もれているのか、現在までその片鱗《へんりん》すら見つかっていない。『吾妻鏡』は鎌倉幕府の最重要記録といわれるが、はたしてこの記事を信用してよいものかどうか疑問が残る。平泉討伐直後の大反乱であるので、源氏に刃向かう者は、こうなるぞと誇大に宣伝するための虚構ではないだろうか。

10『天王町誌』

この町誌は、昭和49年（1974）の発行です。45ページに「橘ノ公成と大河兼任」が掲載されています。この項を意訳して紹介します。

このころ土着の侍で、大河兼任というものが五城目方面を中心に勢力を張っていた。兼任は平泉政権に心服していたものとみえて、源頼朝に反旗をひるがえし、文治六年

（一一九〇）正月、小鹿嶋を所領していた橘ノ公成（橘公業）を襲撃した。その兵力は万を超したであろうが、志加渡（シガワダリ＝氷上行軍）の際、八郎潟の氷が破れて五千人余りが溺死してしまった。

しかし、兼任は勇猛な攻撃を敢行したので、公成は所領の居館（飯ノ森付近か）を捨てて逃走した。公成は武人ではなく謀略の人であったらしく、鎌倉まで逃げて事の理由を頼朝に言上した。

兼任は勢いに乗じて途中の抵抗を打ち破り、奥羽山脈を越えて平泉よりさらに南下した。一迫《いちはざま》付近まで進出したが、鎌倉方の精鋭と合戦してついに破れてしまった。そして敗走の途中で、樵《きこり》に殺された。

公成はまた男鹿に戻り、小鹿嶋氏を称した。その所領は、男鹿のほかに湯河・沢内・湊・楊田（柳田）・豊巻となっており、さらに四国にも所領があったので、後で四国に移った。この公成は管弦の道にも通じ、工藤祐経《すけつね》とともに頼朝のお気に入りであったという。

11『横手市史』（原始・古代・中世編）

この市史は、平成20年（２００８）の発行です。第一章・第三節に「大河兼任の乱」が掲載されています。関係する部分を意訳して紹介します。

……まず、大河兼任の本拠地について述べると、大まかにいえば四つの説がある。具体的には、八郎潟東部（五城目町）・仙北地方・男鹿半島・十三湊《とさみなと》（青森県五所川原市）である。

このうち、通説となっているのは八郎潟東部である。現在、五城目町に「大川」という地名があり、古代の元慶《がんぎょう》の乱に関する記録に表れる「大河」がこの地に比定されている。そして、この地名を苗字としたのが大河氏だと考えられている。

兼任の挙兵時の足取りを追うと、彼はまず「大方」に向かったが、これを八郎潟と見なすと、最初の攻撃目標となった橘公業は小鹿嶋（男鹿半島）にいたと見られるので、一連の動きに矛盾はない。この動きに対し、公業は兼任勢の囲みを突破して鎌倉へ逃走したが、由利郡から防戦に向かった由利維平は、小鹿嶋・毛々左田のあたりに赴き、兼任勢と交戦して討死したことになる。このように大河氏の本拠地を八郎潟の東部とする通説には特に問題はない。

……『吾妻鏡』には、「大河次郎兼任以下」とあるので、兼任以外にも挙兵した者たちがいたことを意味する。つまり、兼任単独の行動ではなく、彼の行動に呼応した勢力が、義経を名乗って海辺荘に現れたり、義仲の嫡男と称して仙北地方で蜂起したりし、それぞれ反乱軍を組織した、と解釈できるのである。仙北地方を兼任の本拠地とするのに、吾妻鏡の記述は決定的なものとはならない。

残る男鹿半島・十三湊について、ここでは簡単に紹介するにとどめる。まず、男鹿半島説は、大河氏を郡司《ぐんじ》層ととらえ、中世に郡レベルの所領単位となっていた小鹿嶋を本拠地と見なし、大河は「おが・おおが」と読むという考え方である。次に、十三湊説は、大河氏を奥州藤原一門並みととらえ、敗走した藤原泰衡が目指したのは十三湊で、そこで待ち受けていた大勢力が大河兼任だったと想定するものである。いずれの説も成り立ちがたく、通説のとおり、大河氏の本拠地は八郎潟東部だったと言ってよい。

だが、勢力範囲という点では、成長・衰退があって当然である。大河氏の勢力を能代周辺までとする見方があるが、北へ勢力を伸ばした可能性は大いにあり得る。

三、各文献から見る大河兼任

1『図説　秋田県の歴史』

この書は、昭和62年（１９８７）に河出書房新社から発行されています。責任編者は田口勝一郎氏（故人）です。中世の編に、「奥州合戦と大河兼任の乱」が掲載されています。関連する部分を意訳して紹介します。

……大河兼任の本拠地は、八郎潟の東岸地方とされている。『吾妻鏡』の記載では山北（雄勝・平鹿・仙北）とも読み取れるが、その後の彼の動きから判断すると、秋田郡北域であることはまず間違いないであろう。

次に彼の一族であるが、記録には弟二人と子息二人が出てくる。このうち、弟二人は反乱と関係なく、当時は源頼朝の家臣であった。すなわち、奥州合戦直後に御家人に組み入れられたもので、こうしたことから、兼任自身もまた、頼朝に従属する家臣的立場にあったことが想像できる。

兼任の軍事力は、二つの種類から構成されていた。一つは公的権威を背景に徴集した兵士であり、他の一つは、いわゆる一族郎党（親族と家来）からなる武士団である。

兵力に関する記載を順に並べると、乱を起こしたときはおよそ7000人で、その後、大方（八郎潟を『吾妻鏡』ではこのように記載している）で5000余人を溺死《できし》させ、文治6年（1190）2月、平泉を出発するとき最大の1万人にふくれあがり、そのあと敗北するにつれて500人、数十人と減少していった。

『吾妻鑑』の記事をそのまま信用できないが、その都度何らかの形で徴集していることが分かる。それは、本拠を遠く離れた平泉で最大兵力を率いていることからも立証されよう。そして最後の数十人が彼を中心とする武士団であった。したがって、彼の反乱を可能にしたものは、強制的に徴集した兵士であったといえる。

こうした軍事力の性格は、兼任に限られていない。平泉藤原氏をはじめとする前述の在地領主が、ほぼ郡という行政機構を単位に形成されていたことからそのことが理解できる。規模が大きいわりに、反面もろさがあったのはそのためで、その点が関東の武士団と異なるところであった。

湖東部を出発した兼任の当初の計画は、河北（雄物川の北域）・秋田城を経て大関山を越え、多賀城に出ることであった。

しかし、南下して間もなく、八郎潟で湖面の融氷から5000人を失った。その場所は明確ではないが、現在の馬踏川《ばふみがわ》河口付近から西方の野村方向に向かう途中の出来事であったらしい。かなりの人数の遭難であるから、それらしい遺物の出土があってもよいが、現在まで確認されていない。

そのあと由利維平を男鹿の大社山と毛々左田（百三段）で破り、その頃男鹿半島にいた橘公業をも敗走させた。ここで彼は方向を北にとり、津軽にいた頼朝の御家人宇佐美実政を討ち取っている。おそらく背後をおびやかす勢力を除く必要があったからであろう。

ここで反乱は二段階目に入る。挙兵以来、最大の1万の兵を平泉で整えた兼任は、いよいよ多賀城に向かうべく南下を始めた。

しかし、頼朝の派遣した千葉常胤《ちばつねたね》、比企能員《ひきよしかず》を総将とする征討軍も平泉に向かっていた。まもなく両軍の決戦が行われたが、強引な徴集による兵力であっただけに、その後の兼任は敗北の連続で、ついに数十人に減少してしまった。緒戦の華々しい連勝と比べるとあっけない幕切れであったが、最後は樵夫《きこり》らに殺され生涯を閉じた。

※馬踏川の写真が掲載されている。それには「大方（八郎潟）を渡る兼任軍は長い行列のため、この付近で馬踏したという。八郎潟南端部に注いでいる」と説明書きがある。

2『秋田県の歴史』

この書は、平成13年（2001）に山川出版社から発行されています。著者は、塩谷順耳氏（故人）ほか4名です。3章・躍動する中世北羽に、「大河兼任の周辺」が掲載されています。関連する部分を意訳して紹介します。

……八郎潟東岸に拠点をもつ大河兼任が源頼朝に対して反乱を起こしたのは、奥羽合戦終結3カ月後の文治5年（1189）12月である。時勢の移り変わりを十分に認識し、奥州合戦にあたって頼朝に抵抗することなく、そのため従来の勢力を保障されたはずの兼任であるから、彼が反乱に踏み切ったのは余程の事情が根底にあったからに違いない。しかし、兼任が動員した軍事力の大きさや行動の広さから判断すると、無謀な反乱であったとは言い切れない面がある。

『吾妻鏡』の記述から大河兼任の一族を分かる範囲で復元すると、兼任は次男で弟に新田三郎と二藤次忠季がおり、子息に嫡子鶴太郎と次子於機内次郎がいる。次男までが「於幾内」という地名を姓として独立しているところをみると、大河氏は兼任の父祖の代からかなり広い所領を支配していたこと、地名を姓としているだけに兄弟といえども互いに独立性の強い武士団であったこと、そして兼任は比較的高い年齢であったことなどが予想される。こうした実情からか反乱に加わったのは子息二人で、弟二人は反兼任の側に立った。また弟二人は、奥州合戦後3カ月しか経過していないにもかかわらず、御家人に取り立てられ、鎌倉に住んでいた。すなわち『吾妻鏡』は、忠季について次のように記述している。

「去年奥州囚人《しゅうじん》（とらわれ人）二藤次忠季は大河兼任の弟なり、頗《すこぶ》る物議に背かざるの間、すでに御家人なり。源頼朝より仰せ付けられる事あり奥州に下向、途中で兼任叛《はん》逆《ぎゃく》の事を聞き、今日帰参するところなり」

〝今日帰参〟は鎌倉に帰ったということであるから、忠季が鎌倉に屋敷を持っていたことは明白である。また、御家人に取り立てられたことは、土地支配を認められたことを意味し、奥州合戦後も在地領主としての忠季の立場になんら変化のなかったことがわかる。したがって「奥州囚人」とはいうものの、奥州合戦に際し頼朝に従順な態度で臨んだと考えてよい。当然、平泉の藤原泰衡配下には入っていなかった。

続いて『吾妻鏡』は、忠季の兄新田三郎入道についても、忠季と同様に兼任に背き鎌倉に参上した、と記している。これだけしか記述がないので、新田三郎が鎌倉に屋敷を持っていたかどうかは不明であるが、時折、鎌倉に出入りする御家人であったことが断定できる。また彼が奥州合戦に際し征討軍に手向かうことなく、そのため所領を安堵《あんど》されたことはいうまでもない。このように兼任の弟二人は間違いなく頼朝から御家人の地位を与えられ、所領の安堵を受けていたのであるが、その兄兼任が奥州合戦に当たって弟たちと同じ行動をとり、同じ地位に遇されたことは十分考えられる。反乱を起こすに当たり兼任は7000騎を率いたが、それは奥州合戦以前の立場を認められていたからに他ならない。

3『秋田大百科事典』

この書は、昭和56年（1981）に秋田魁新報社から発行されています。この中に、「大河兼任」が掲載されています。この部分を紹介します。

湖東平野大川地区を本拠とする豪族。現在の山本郡、南秋田郡の北部を本拠とし、1190年正月、源頼朝（1147～99）に対して反乱の兵を挙げた。名目は主君藤原泰衡《ふじわらやすひら》（?～1189）の仇を討つためとしているが、実質は頼朝の政策に対する反抗の性格が強いとされている。鎌倉を目標に7000の兵を従え、八郎潟の氷の上を渡ろうとした際、氷が割れて兵5000余人が溺死《できし》した。その後、主に秋田郡と津軽方面で交戦し、3月上旬に多賀城に向かうが、鎮圧軍に敗れ、最後はきこりに殺されてしまう。（辰守弘）

4『秋田県の地名』

この書は昭和55年（1980）に、平凡社から発行されています。南秋田郡の項の中に、大河兼任に関係することが記載されています。この部分を意訳して紹介します。

……文治5年（1189）7月、源頼朝は奥州侵攻のため髄兵1000騎を従えて鎌倉を発っているが、この中に、のち秋田郡の地頭職を与えられる橘公業がいた（吾妻鏡）。この頃、現在の山本郡・南秋田郡一帯を支配していた大河兼任は、翌6年1月、主君藤原泰衡の弔い合戦と称して兵を挙げ、秋田大方（八郎潟）で5000余人の溺死《できしし》者を出している（吾妻鏡）。奥州征伐の勲功として橘公業に与えられた出羽国秋田郡の所領は、古代の率浦郷《いさうらごう》・方上郷を含み、男鹿島（男鹿半島）全域から現秋田市域にも及ぶもので、鎌倉に背《そむ》いた大河兼任は、橘公業の拠点である男鹿島を攻めるため志加渡を決行したものであろうか。

5『秋田　人名大事典』

この書は、昭和49年（1974）に秋田魁新報社から初版が発行されています。106ページに大河兼任が掲載されているので、一部を省略して掲載します。

北羽の武士団。八郎潟東岸の大河付近を拠点に秋田郡の北域、及び米代川流域をも配下におさめた。頼朝の平泉攻撃の際には早々にこれに服属し、そのため御家人に列せられたらしい。弟の新田三郎と二藤次忠季が御家人になっているから、兄兼任も同じ地位を獲得したものと判断されるからである。

兼任は頼朝に対し反乱を起こした点で特異である。まずその経過は次のとおり。(略)……文治5年(1189)12月、出羽国仙北郡で兵をあげた。兼任は子供鶴太郎と二男於幾内次郎を伴い、7000の軍勢をもって鎌倉に向かおうとした。しかし挙兵直後、御家人橘公業を討つため男鹿半島に向かったが、途中で八郎潟を渡ったところ、氷が解け5000人を失ってしまった。にもかかわらず、そのあと公業を敗走させ、由利維平を討ち取った。兼任はそこで向きを北に変え、津軽に転戦して宇佐美平次以下の御家人を破り、再び南下して仙北から奥羽山脈を越え平泉まで進出した。ここまでが反乱の前段である。(略)

兼任の乱の問題点は、その動機と強い軍事力である。頼朝の平泉攻撃を目の当たりにし、強大な軍事力をよく知っている兼任は、なぜその頼朝に無謀ともみえる反乱を起こしたのだろう。要するに兼任は、平泉藤原氏配下の武士団とは比較にならない力をもっていたが故に、反乱に踏み切ったもので、勢力の基盤に八郎潟を中心とする交易圏があったことは確かである。兼任が身につけていた錦の脛巾《はばき》は蝦夷地《えぞち》との交易によって入手したものであろう。

次に動機であるが、兼任は一体何を守ろうとしたのかということと関連がある。兼任が今まで保持してきたものを頼朝が安堵すれば問題はない。結局、頼朝が新たに地頭制度を敷いたことに原因があったと考えられる。具体的には兼任の上に橘公業らの地頭が入ってきたことが最大の理由であろう。奥羽の武士団が兼任に同調したのも同じ理由からと考えてよいだろう。

6『北緯四〇度の秋田学』

この書は、令和2年（2020）に無明舎出版から発行されています。著者は川村公一氏（五城目町住）です。5章の歴史からみた北緯四〇度の中に、「最後の抵抗・出羽秋田の古代終焉」が記載されています。関連する部分を意訳して掲載します。

……奥州合戦が終結し、源頼朝が東北地方の経営に本格的に着手するころ、最後まで抵抗を試みた武将が大河兼任である。兼任は、南秋田郡北部から山本郡地方に勢力を占めていた有力な地方豪族。火内（比内）の河田次郎と同様に、在地勢力として、米代川流域の

開発領主的に成長してきたように、八郎潟沿岸、湖東部の領地開発を進めていた。（略）

奥州合戦の際は、大河兼任は源頼朝に抵抗することはなかった。このため、従来の勢力は保護された。奥羽合戦が終結した3カ月後の文治5年、八郎潟東岸に拠点を持つ兼任が頼朝に対して反乱を起こした。「君主の仇を討つという初めてのことをやる」との決意で挙兵した。平泉藤原氏への主君への武士道としての恩義と、関東武士団が北羽を支配する武家政治への不満からではなかったのか、真偽のほどは定かではない。在地領主としての誇りと、奥州藤原氏の陸奥・出羽の武力によらない平和な世を守るために、やむにやまれぬ最後の反抗であったのだろう。

大河兼任は次男で、弟に新田三郎と二藤次忠季が、嫡子鶴太郎と次子於機内次郎がいる。大河氏は、兼任の父祖の代から、かなり広い所領を支配していた。地名を姓にしていたことから、兄弟といえども互いに独立した武士団であり、二人の弟は御家人であったが、平泉藤原泰衡配下には入っていなかった。兼任が反乱を起こした時、息子二人は反乱に加わっているが、弟二人は反兼任側にたっている。御家人は、土地の支配を認められていることから、頼朝に従順な態度を示す必要があった。兼任にそむき鎌倉に参上している。

反乱時、北羽は律令時代に形成された郡が、雄勝、平鹿、山本、秋田の順に南から北に並び、これらの地域は大きな改編がみられなかった。改編されなかった背景には、荘園分布が宮城・山形両県が北限で、その北側までは及んでいない。この北限が三九度ラインとも呼ばれている。摂関家の影響力が秋田・岩手県まで浸透しなかったのは、出羽国を地形的に分断している鳥海山の存在が大きかった。平安時代末期のころ、出羽国側で成長していた在地領主は、秋田郡に秋田致文、由利郡に由利八郎、田川郡（山形県庄内地方）に田《た》河行文《がわゆきふみ》など、郡を基礎に、郡名を姓にした在地領主が成立していた。これは、公領制の機能に拠っていなかったことにほかならない。（略）

『吾妻鏡』によれば、文治5年12月、大河兼任が率いる伴党（村落を拠点にした中小領主）と一族郎党の武士団が終結した。その軍勢は7000人で、河北（雄物川の北域）、秋田城を経て、雄物川沿いを南下して国府のある多賀城を目指すことであった。南下直後、八郎潟の湖面を行軍中に融氷により、兵力5000人を失った。その遭難場所は、馬《ば》踏川《ふみがわ》河口付近から西方野村付近と考えられている。

7『秋田のトリセツ』

この書は、令和3年（2021）に昭文社から発行されています。4章からなっており、3章に「八郎潟東岸を拠点とする大河兼任が鎌倉幕府に対して反乱を起こす」が記載されています。関連する部分を意訳して掲載します。

……文治5年（1189）、源義経を匿《かくま》ったことを口実として、源頼朝は奥州に攻め込み、奥州藤原氏を滅ぼした。合戦後、藤原氏の旧領には東国武士が地頭として配されたが、藤原氏の旧臣や在地勢力との間に軋轢《あつれき》が生まれた。奥州合戦の終結からわずか3カ月後の同年12月、鎌倉政権に反抗する勢力が挙兵に及んだのである。

当初、反乱軍を率いる首謀者は、死んだはずの「伊予守義経」（源義経）とか「朝日冠者」（木曽義仲の嫡男）と称し、出羽国海辺庄（山形県酒田市・東田川郡）や山北郡（仙北郡）で挙兵し、鎌倉政権を動揺させた。

この首謀者の正体は、八郎潟東岸の大河（五城目町大川）を本拠とする豪族の大河兼任であった。一説には陸奥国津軽地方の豪族ともされるが、藤原泰衡の郎党であったことは間違いない。7000余騎を率いた兼任は、河北（雄物川以北）から経由して大関山（笹谷峠）を越えて多賀国府（宮城県多賀城市）を制し、そのまま鎌倉まで攻め上ることを企てていた。毛々左田（百三段）から鎌倉方の由利維平に送った書状には「主人の仇討ち」と明言されており、進軍目的は明白であった。

しかし、冬場で凍結した八郎潟を渡ろうとしたところ、志加の渡（三種町鹿渡）で氷が破れ、5000余が溺死《できし》。進路変更を余儀なくされた兼任軍は、小鹿島（男鹿市）へと向かい、鎌倉方の由利維平、宇佐美実政を討ち取った。この時、小鹿島の地頭・橘公業は抵抗せずに鎌倉へ逃げ帰っていった。
※慰霊碑の写真が掲載されている。それには、「大河兼任の率いる軍が八郎潟で溺死した跡には、現在は慰霊のための供養塔が建立されている」と説明書きがある。

8『古戦場―秋田の合戦史―』

この書は、昭和56年（１９８１）に秋田魁新報社から発行されています。秋田県内の60を超える古戦場跡と戦いの内容が掲載され、大河兼任の乱も取り上げています。関係する部分を意訳して掲載します。

……安倍一族―清原一族と続いた「北方の王者」の系譜は「後三年の役」後、労せずして陸奥を手に入れた藤原清衡によって一気に花開く。いわゆる藤原三代90余年の黄金文化を築いた藤原一族の繁栄である。黄金の力とともに東北一円に政治、経済、文化を合わせた一大勢力圏を誇り、当然、出羽にも支配圏は及んだ。

しかも、安倍・清原と違って、支配は北部東北にとどまらず南部東北に及び、現在の宮城・山形・福島の荘園領主をも手中にした。ついには多賀国府（宮城県多賀城）の公権も得、まさに北日本の覇王と呼ぶにふさわしい台頭である。

秋田への覇権はどうだったか。『吾妻鏡』に四代泰衡の家来として河田次郎、秋田致文、由利維平、大河兼任などの名が出てくる。河田次郎は肥内郡（比内郡）と贄柵《にえのさく》（大館市仁井田）、由利維平は由利郡、大河兼任は今の山本郡と南秋田郡に勢力を振るっていた。家来とはいっても、それぞれがもともと在地豪族であり、平泉の勢力が浸透化してから郎従化する。

その総領主的存在だった藤原氏が滅んだ。文治元年（1185）、平家を滅亡させた源頼朝が鎌倉幕府を開いた。東国政権を安定させるためには、北方の覇者藤原氏が何とも目障り。仲たがいした弟義経を藤原氏が保護したことをとがめ、奥州征伐に立ち上がった。文治5年（1189）の衣川の戦いである。（略）

……奥羽は頼朝によって平定された。しかし、幕府に反抗を続ける残党があった。大河兼任もその一人。文治6年（1190）1月、兵を挙げた。挙兵の目的は『吾妻鏡』に「主人の敵を討った例はまだ見当たらないが、兼任が初めてその例を開くのだ」とある。弔い合戦というわけだが、疑問な点が多い。第一、藤原三代の頃の平泉権力と出羽諸豪との主従関係は、それほど緊密なものではなく、頼朝の奥州征伐の際、兼任が兵を出した形跡はない。それどころか、日和見《ひよりみ》を続け、兵7000の勢力を温存していた。「頼朝の奥州平定で新たな地頭が入り、自己の社会的経済的地位が圧迫されそうになった。その不満、鎌倉幕府の東北政策への反抗が乱となって表れた」とするのが妥当のようだ。

大河軍団は最初からつまずいた。まず河北（雄物川の北域）に入って秋田城に進み、陸奥多賀城を攻め、最後に鎌倉をつく壮大な作戦だった。ところが出陣して間もなく、大事故に遭遇する。『吾妻鏡』に残る「志加渡の悲劇」である。秋田大方は八郎潟であり、志加渡には諸説があるものの琴丘町鹿渡（現三種町）といわれる。陰暦1月頃といえば潟は厚く結氷しているはずだが、この年の氷の状態がよくなかったか、それとも7000の大軍が氷の強度を上回ったものかは定かでない。

9『大河次郎兼任の時代』

この書は、平成15年（2003）に無明舎出版から発行されています。著者は小野一二氏（故人）です。200ページを超える中から特に関係が深い部分を取り上げ、意訳して紹介します。

謎の人物

これまで大河兼任は、謎の人物とされてきている。その出目、その人となり、その行状など、何一つ明らかなものがないと言っていいほどである。分かっていることはごくわずかにすぎない。

まず、奥州藤原氏の出羽国側の郎従（家来）の一人であることだけは確かである。しかし、平泉の軍事組織のなかで、どういう地位にあったかは判然としない。小説『平泉落日』では、総軍司に任じられている。軍団の司令官が軍司だとすれば、軍団を束ねる総司令官である総軍司がつとまる力量を持った武士が兼任であり、軍司たちの信頼も厚い人物だったと想像される。

しかし、秀衡の跡を継いだ泰衡の信頼が揺らぐと、兼任は総軍司を辞して出羽国の領地へ帰ってしまう。そして全く鳴りを潜め、なんの行動も起こそうとしなかった。このことも、兼任の大きな謎の部分である。いずれにしても総軍司の話は、小説に書かれているだけなので、史実とするには物足りない。

系図から考察

ここに大河兼任の系図を示しておく。

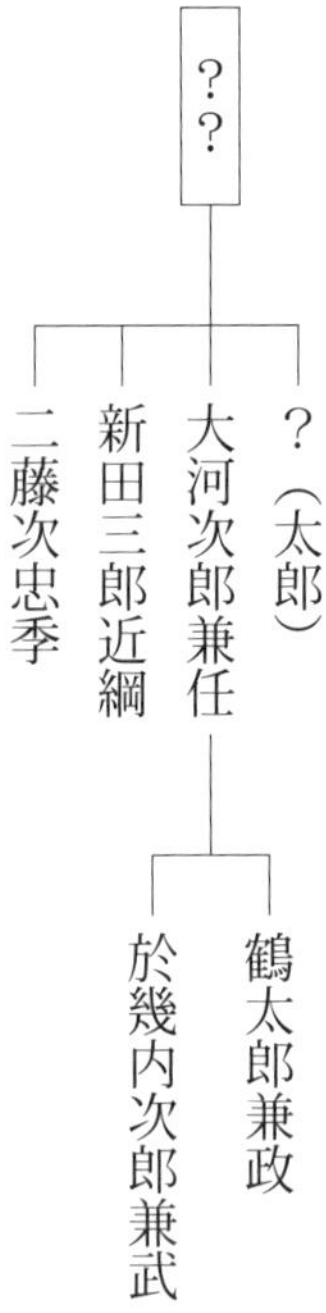

兼任は次郎とされているから、大河氏系図では太郎の部分を空白にしてある。嫡男の太郎は早世したものか、大河氏を継がなかったろうかという想像が空白にこめられている。

次男の大河兼任は、現在の秋田県北部地方にある於機内を領地にしていたという説がある。三男の新田三郎近綱は比内郡に、河田次郎は仁井田の贄の柵に居館があったといわれている。四男の二藤次忠季は鹿角地方にある二藤次館と呼ばれる城館跡が居館だったと考えられる。兼任は弟二人と二人の子息で、現在の北秋田と鹿角をおさえていたことは、この地方の鉱山を支配していたとみてよいであろう。平泉の時代から兼任はそうした支配圏を築いていたのであった。

また、もう一つの大河氏の系図が考えられる。先に示した系図の上段の空欄を、橘頼《たちばなより》貞《さだ》としたらどうだろうか。

前九年の役での清原軍の第四陣に編成されていた橘頼貞（新方二郎《にいがたのじろう》）である。兄の橘《たちばな》貞頼《さだより》（志万太郎《しまのたろう》）は第二陣になっている。この二人の兄弟は清原軍中の有力な武将だった。兄貞頼は志万太郎の呼び名の通り、男鹿島をおさえ、脇本の辺りに居館を構えていたものだろう。弟頼貞の新方二郎は新方（八郎潟）の東の平野を所領としていたための通称であると思われる。

新方二郎は「大河柵」（五城目町石崎）に拠った。十世紀末までは確実に「秋田郡衙《ぐんが》」

が置かれていた平地砦《とりで》の柵が、まだ大河の地にあった。

元慶《がんぎょう》の乱と天慶《てんぎょう》の乱

元慶2年（978）3月に秋田城以北の蝦夷《えみし》が大きな反乱を起こし、たちまち出羽国府のある秋田城（秋田市高清水岡）が焼かれ、多くの馬や武器が反乱蝦夷の手に渡った。これを「元慶の乱」という。この時、律令国家最北の出羽国秋田郡の郡衙があった大河柵と郡衙も蝦夷によって焼かれた。当初優勢だった蝦夷は、秋田川（雄物川）以北を自ら治める地にしたいと要求するが、その中に大河が入っている。しかし、反乱は10月頃に鎮定されてしまう。その後、大河柵・秋田郡衙は再建されたと思われる。

そして60年後の天慶2年（939）に秋田城下で蝦夷による似たような反乱がおきている。これは「天慶の乱」と名付けられている。

大河柵によって天慶の乱を切り抜けた軍司や郷長の在地豪族は、後の志万太郎・新方二郎の橘氏や大河氏につながる実力者だったかどうか、想像するしかない。ただ、この時代は前九年の役の100年前で、在地豪族が力を持ち始めた頃でもあることを記憶しておく必要がある。

男鹿島から潟湖が形づくられつつあった新方（八郎潟）の東の馬場目川（大河）の沖積

平野に進出した橘頼貞（新方二郎）が大河柵を拠点とし、本土側に勢力を広げていったと想像される。

その後、湖東地方に君臨する大河兼任が、橘氏の子孫であるのか、または黒沢尻安倍氏の流れなのかは、どちらにも決定的証拠がない。

大河兼任

大河氏については、はっきりした結論がみえてこないが、大河柵を城館として大河氏を名乗っていたと思われるので、新方二郎（橘頼貞）につながる在地勢力とするのが合理的であるかもしれない。

兼任について『吾妻鏡』には、建久元年（１１９０）９月９日条に、「陸奥国より使者を進めらせ、両州の輩《やから》の不忠、ならびに兼任が伴党の所領などを注進す」という記事がある。

これは兼任の反乱に呼応した者たち、兼任側に走った者たちの所領などを調べ知らせたことをいっている。事後の賞罰にかかわってくるからだが、これで分かるのは前述の如く兼任が伴党（一定の所領を持つ武士団。小は村落から大は一つの地区の中小領主）を持っていたことである。兼任の大きな軍事力は伴党によるものだった。

兼任の支配地・支配圏は、秋田川（雄物川）河口から男鹿島、八郎潟東部から、さらに北の米代川の上流・下流域に及ぶ広大な地域が浮かんでくる。さらに津軽地方にまで勢力を広げていたのは、大河水軍説を裏付けるものである。

このようなことがみえてくると、大河兼任は平泉軍の総軍司としてふさわしい器量を備えた人物であるとうなずかされる。

石崎遺跡

五城目町大川の石崎遺跡「大河柵」は、ほぼ一辺４００ｍの方形の柵列に囲まれた奈良時代末から平安時代の典型的な平地城柵遺跡で、秋田郡衙（高清水の秋田城を補助する役所）も置かれていたとする。

遺跡の発掘は、柵列を追求しただけで、新方二郎や大河兼任が居館としたという遺物などは確認されていない。しかし、新方二郎や大河兼任が放棄されてしまった古代施設を、居館にしただろうことは確実と思われる。

平成11年（１９９９）、石崎遺跡に隣接する大川谷地中の中谷地遺跡の発掘調査で、役所の建物・板塀が出土し、祭祀具・武具・運搬具なども出土し注目された。高速自動車道の部分だけの発掘であり、詳細は分からないが、大河兼任が大河柵を居館にした時に、自然堤防として他よりやや高さのある場所に、新たに建造物を設け、砦を補強したのではないかという想像がかきたてられる。
　この地に入って大河氏を名乗り、男鹿島と秋田河と大川が形成する一大港湾を押さえる水軍（海賊）としても成長したものと考えられる。

兼任起たず

……鎌倉がその総力を挙げて奥羽の地に侵攻してきた場合は、戦闘経験が皆無で普段の訓練も泰衡の代になっておろそかになっている平泉軍では、万に一つの勝ち目はないと兼任は考えていた。そこで、今後いっさい鎌倉軍とは戦わぬという方針を兼任は定めた。その上に、新田三郎と二藤次忠季の弟二人を、平泉焼亡の情報を知った直後に、早くも投降させて御家人にしたのである。
　無抵抗とすり寄りによって、兼任の所領は安堵《あんど》されるはずだった。しかし、兼任が熟慮に熟慮を重ねた上で決定し実行した戦略は、見事に外れたのである。

新地頭

奥州合戦で平泉藤原氏を滅亡させた源頼朝は、その後、論功賞を行った。多くの鎌倉御家人が恩賞にあずかり、いわゆる御家人領となる新しい所領をあてがわれた。

秋田県に係る分を挙げると次のようになる。

雄勝郡＝小野寺道綱　山本（仙北）郡＝中原親能・二階堂行政

平賀（平鹿）郡＝松葉資宗　秋田郡・小鹿島（男鹿）＝橘公業

比内郡＝浅利遠義　鹿角郡＝安保実光・成田助綱・奈良・秋本

由利郡＝由利維平

どこの誰とも知らぬ新しい地頭が強引に任命されて強力な権力をふるうのが、兼任たちの旧地頭の怒りに火をつけた。

これまでの平泉の出羽側である有力な伴党の権力を全否定するのは、絶対に認められないと兼任は強く思った。

陸奥に最初の覇権を樹立した安倍氏の誇りを守りたかった。そのためには、出羽国秋田郡をこれまで通り、抑えておきたかった。

頼朝への怒りは、恥をしのんでまで守ろうとした自分への怒りでもあった。「こうなった以上は、総力を挙げて鎌倉まで攻め込み、踏みにじってくれようぞ。頼朝をわしの前に跪《ひざまず》かせてくれる」と兼任は叫んだ。

10『菅江真澄遊覧記4』

この書は、昭和42年（1967）に平凡社から発行されています。菅江真澄は江戸後期の紀行家で、多くの著作を残しています。遊覧記は現代語訳（内田武志・宮本常一編訳）にして収録したものです。著作の一つに『かすむ月星』（文化3年＝1806）があり、大河兼任に関することが記述されています。この部分を転載します。

……3月17日、鹿渡にいて（16日鹿渡の知人に宿泊）、医者青山玄丹、近藤忠右衛門などをさそい、5、6人連れ立って滝を見ようと出掛けた。（略）

猿田《さんだ》の山里についた。ここは由利維平が、男鹿の大社・山毛（山谷）・左田《さんだ》（猿田）のほとりに駆け向かい、防ぎ戦うこと二時《ふたとき》に及んで、ついに討ち取られたという。その左田である。大方というのは八竜湖（八郎潟）、鹿渡は志加の渡であり、山毛は山谷であろう。その昔、戦いに多くの人々が滅んだ世を偲んで、袖も涙にぬれた。左田の桃・桜はや咲いて、十あまりの家がそれに埋もれて見えた。

11『菅江真澄・秋田の旅』

この書は、平成4年（1992）に秋田文化出版から発行されています。著者は田口昌樹氏（故人。前菅江真澄研究会会長）です。本書の内容は、菅江真澄が旅した地区の中から百数カ所を取り上げています。この一つに『かすむ月星』に関する箇所があるので、この部分を転載します。

……『かすむ月星』の旅の跡を追ってみたい。文化3年（１８０６）３月16日、真澄は浦大町からに高岳山《たかおかさん》に登り、真坂から天瀬川、鯉川、山谷《やまや》を経て鹿渡に宿泊した。翌日、医師・青山玄丹、近藤忠右衛門らに誘われて、猿田の近くの苗代沢の滝を見物した。真澄は鹿渡から猿田への途中、『吾妻鏡』の記事を思い浮かべた。大河兼任が源頼朝に反逆し、秋田大方から志加渡を渡った時、氷が融けて５０００人の軍勢が溺死したと言われる。また、兼任の同僚であった由利維平は、頼朝に味方し、兼任と戦って小鹿島の大社山、山毛左田《ももさだ》のあたりで戦死したと言われる。

真澄は、この志加渡こそ〝鹿の渡し〟すなわち鹿渡だと考えたようである。また、山毛左田の「山毛」を山谷、「左田」を猿田と考え、兼任・維平の激戦地を鹿渡の地と想定したようである。鹿の渡しは別として、山毛左田は百三段（新屋地区）が正解であろう。八郎潟周辺に勢力を持つ兼任と由利を領地とする維平が戦う場所としては百三段がふさわしい場所である。

正男　以上、22冊の書籍を紹介しました。この中で、一番古い著作物は、菅江真澄の『かすむ月星』です。真澄は220年前に『吾妻鏡』のことを知っていたようです。どのようにして知ったのか興味が持たれます。

明子　多くの図書が大河兼任について取り上げていますね。読んでみると、ほとんどの本が「そのように考えられる」「そう考えることが自然でないだろうか」という文脈になっています。証拠となる史資料が乏しいことがよく分かります。したがって執筆者によって内容に微妙な違いがありますね。

正男　はい、その通りです。そこで私は、伝説も取り入れて文献で言い表せなかった部分を補《ほ》填《てん》してみたいと思っています。八郎潟の周りには源義経に関する伝説が多く残っています。

明子　伝説を信用できるでしょうか?

正男　伝説は口による記録です。「昔話」や「民話」と違って、事実から出た話だと思います。文字による記録が一番正確ですが、800年前の土地の人たちは文字を書く人が少なく、口によって伝えることが多かったことでしょう。このことを口碑《こうひ》または口伝《くちづて》とも呼んでいます。しかし、口による伝承は次から次へと伝わっていくうちに、最初の内容が少しずつ変化してしまう恐れがあります。最終的には正確でなくなる場合が多いかも知れませんが、地名や人物名が出てくるので、伝説は当てにならないと、軽く取り扱ってはいけないと思います。兼任に関する史資料がない現在、口碑に何か隠されているものがないか探るべきです。

明子　言われてみればそうですね。それでは関連する伝説を聞かせてください。

正男　次に掲げる伝説は、町史や文献に収録されているものです。これを何点か取り上げてみます。

四、伝説に秘められた大河兼任

【伝説1：夜叉袋《やしゃふくろ》沖の遭難事故の話】

「与州公が或る年の1月、兵を率いて南進中に三倉鼻の険をさけて、鹿渡の南岸から湖水を渡った。この日は朝から南風が激しくて霙《みぞれ》が降る悪天候だった。一行が馬場目川の河口の三枚橋沖（夜叉袋川沖）にさしかかった時に、氷が突然割れて多くの兵が溺《おぼ》れ死んだ。予州公もずぶ濡《ぬ》れながら一向堂《いっこうどう》村（夜叉袋字一向堂）につき一泊した。翌朝、生き残りの兵を連れてどことなく去って行った。その後、夜になると溺死者《できししゃ》の霊火が永年燃え続いた。溺死者が出た所は深くなり、葦《あし》も真菰《まこも》も生えなく、漁師たちも恐れて近づかなくなり、この深い所を夜叉袋と呼んだのが、いつしか村の呼び名になった。江戸時代には村の本名になった」（『八郎潟町史』より抜粋）

【伝説2：夜叉袋の霊火の話】

「昔、多くの人が遭難したことがあった。春になっても死体が一つも上がらない。夜ごと霊火が燃え、永年燃え続いた。その辺を舟が通れば必ず異変が起きるので、人々は夜叉袋と言って恐れたが、年々浅くなって陸地になってからは、奇怪なことがばったりやんだ」(『八郎潟町史』より抜粋)

【伝説3：北ノ又集落の盆城《ぼんじょう》の話】

「義経が隠れた山中の盆城は、北ノ又（五城目町）の近くである。南は上新城や仁別に通じ、北は阿仁に通じる山道で、攻撃されても容易に落ちるような場所ではなく、四方に通ずる間道もそこに住んでいる人でなければ分からないような要害であった。この時、義経は蛇喰《じゃばみ》集落に八幡社を祭った」(『八郎潟町史』より抜粋)

【伝説4：下山内の八幡神社に義経が轡《くつわ》を奉納した話】

「五城目町下山内の組田（中島）にある八幡社が高崎の広ヶ野台にあったとき、源義経が轡を奉納して戦勝を祈願した」(『八郎潟町史』より抜粋)

【伝説5：義経の家来・亀井重清の話】

井川町北川尻の真山神社の由来に関して次のような話が伝えられています。

「亀井市平衛という者、旧家なり。亀井六郎重清が子孫という。今、故あって伊藤と改める。もと川原崎の城に居住す。義経、奥州の高館落城の後、ここにとどまる。一村、皆、分家なりという。高三百石余を開発す。短刀、太刀、鞍あり。義経より亀井六郎重清への手紙あり、縦七寸、横一尺ほどの一幅の掛け物として伝わる。文面は『昨日は色々馳走、其節、頼置馬具、明軍前ニ用立可被給候、云。　四月朔日　源九郎　六郎どの』と記されている」(『久保田領郡邑記』〈原文は1800〉及び『秋田風土記』〈1815〉より抜粋)

【伝説6：館の上館と〝かとうど千軒村〟の話】

「鳳來院《ほうらいいん》(三種町鵜川)の上方にある館の上館は、中世の館跡であり、隣接した地に縄文から平安時代にわたる館の上遺跡がある。この付近から能代寄りに〝かとうど千軒村〟があったと伝承されている。現在は秋田自動車道が通っているため、正確な位置を特定することは難しい」(『八竜町郷土誌・竜騰』より抜粋)

【伝説7：義経が立ち寄った芦崎《あしざき》と大谷地《おおやち》集落の話】

「芦崎（三種町）の村はたいそう古い所で、門間庄兵衛という者の家に、遠い祖先から伝えられたという、九郎判官義経が蝦夷《えぞ》の島（北海道）渡りをなさったとき、道中の食糧が乏しくなって借用していった〝粟《あわ》の券《ふだ》〟というものを持っているという」（菅江真澄著『男鹿の秋風』〈1804〉より抜粋。真澄は江戸後期の紀行家）

「大谷地（三種町）には義経が牛若丸といって鞍馬山で学んでいた頃、同じ年頃の学童で鈴木宗因という者があった。宗因が故郷の出羽国の秋田に帰って住んでいたのを、義経はそのよしみを求めて武蔵坊弁慶を伴って訪ねてきて泊まり、日を過ごされたと言い伝えられている。その宗因の古い塚が、ここの太郎作という漁師の家の前庭にある。宗因という名はその家で代々ついでいるのであろうか」（同『男鹿の秋風』、同『男鹿の春風』〈1810〉より抜粋）

五、6項目の考察

明子　けっこう多くの伝説がありますね。一つ一つ読んでみると、口碑だからと軽々しく片付けることができないことが良く分かりました。テレビドラマで、主人公の刑事がわずかな手掛かりから事件を解決していくという場面がありますが、小さなことでも見逃してはなりませんね。

さて、10ページで6項目に分類しましたが、このことについて一つずつ整理してください。

正男 それではここでもう一度、6項目を確認してみます。

①領域(支配地、勢力範囲)
②居住地(拠点、根城)
③出自(素性・系譜など)
④秋田大方の場所
⑤志加渡の解釈
⑥渡りを開始した地点と遭難した場所

領域

正男 それでは最初に、①の領域(支配地、勢力範囲)から始めることにします。まず8点に分類し、書籍名を記してみます。

㋑南秋田郡北部から山本郡南部説⇩『昭和町史』、『井川町史』、『男鹿市史』、『秋田人名大事典』

ⓡ八郎潟東部（湖東地区）説⇩『飯田川町史』、『五城目町史』、『琴丘町史』、『八竜町史』、『横手市史』、『図説・秋田県の歴史』、『秋田県の歴史』、『秋田のトリセツ』

ⓗ南秋田郡北部から山本郡説⇩『北緯四〇度の秋田学』、『秋田大百科事典』

ⓝ南秋田郡から山本郡説⇩『秋田県の地名』、『古戦場・秋田の合戦史』

ⓗ南秋田郡一円から山本郡南部説⇩『八郎潟町史』

ⓗ雄物川北部から米代川流域説⇩『大河次郎兼任の時代』

ⓣ馬場目川流域説⇩『若美町史』

ⓒ米代川河口エリアという説も考えられる⇩『五城目町史』（ⓡと重複）

明子　ⓘとⓡは、ほぼ同じと考えていいのではないでしょうか。微妙に違いがありますが、大筋では南秋田郡北部から山本郡南部という感じですね。

詰めた話になりますが、南秋田郡北部とは、旧飯田川町から北で、旧昭和町と旧天王町は含まれないということでしょうか。また山本郡南部は三種町地区で、能代市は含まれないのでしょうか。

正男　このことについてはよく分かりません。そんなに詰める必要もないのではないでしょうか。大河兼任の時代の秋田県は、平泉藤原氏が「この土地をあなたの領地として認める」と御墨付《おすみつき》（墨の印を押した許可証）を出したものではなかったと思われるからです。つまり、土地に住み着いた豪族がそれぞれ自分勝手に縄張りを定めたことと思うので、グレーゾーンがあったはずです。徳川幕府が諸大名に領地を認めた時代とは違っていたと思います。

明子　ここであなたの考えをお聞きします。あなたはどの説を支持しますか。

正男　私は㋑の説を採りたいです。ここは難しく考えないで、多くの市町村史が述べている「南秋田郡北部から山本郡南部エリア」説が妥当でないでしょうか。

居住地

明子　それでは次に、②の方をお願いします。

正男　②の居住地（本拠地、根城）については、4点に分類し書籍名を挙げてみます。

㋑ 五城目町大川説⇩『昭和町史』、『飯田川町史』、『井川町史』、『若美町史』、『秋田大百科事典』、『秋田トリセツ』

㋺ 湖東地区説⇩『北緯四〇度の秋田学』

㋩ 五城目町石崎柵《いしざきさく》説⇩『五城目町史』、『大河次郎兼任の時代』

㊁ 三種町鵜川説⇩『八竜町史』

明子　居住地については、取り上げているものと取り上げていないものが半々のようですが、これは決め手に欠けるからだと思いますね。

正男　当時は居住地の名を姓にすることが一般的だったようなので、五城目町大川地区に住んでいたと述べている書籍が6冊あります。しかし、大川のどこの場所かについては触れられていません。このなかで、『大河次郎兼任の時代』は、具体的に石崎柵（奈良時代末期から平安時代まで400年ほどにわたる古代国家の城跡）説を述べています。著者の小野一二氏は五城目町生まれなので、地元の石崎遺跡と結び付けたいとする熱意が受け取れます。

同様に『八竜町史』も地元の鵜川説を述べています。これはそうあって欲しいという願望が込められているようです。

明子　②も①と同様、根拠となる史資料がないので推定するしかないわけですね。それでは、あなたはどの説を支持しますか。

正男　全く自信がありませんが、現時点の考えを述べると、鵜川説を採りたいです。その理由は鵜川の古い地名が大河だったということ。もう一つは、伝説1・2です。この伝説と結び付けると、兼任は鵜川に居館があり、鵜川を出発して鹿渡を通り、三倉鼻の難所を避けて、天瀬川集落（三種町）の北方付近から八郎潟を渡ったとすると辻褄《つじつま》が合うからです。

明子　鵜川のどこに居館があったと思いますか？

正男　伝説6を採用して、鳳來院の上方にあったとされる館の上館跡です。近くにあった〝がとうど千軒村〟は家臣たちの屋敷があった場所だったと想像します。

出自

明子 それでは次は、③の方に進んでいきます。

正男 ③は、出自（素性・系譜など）についてですが、これは取り上げている文献が少ないですね。このなかで、『昭和町史』は五城目町大川地区の生え抜き説を述べ、『男鹿市史』は陸奥の国から派遣されたのではと記しています。また、『大河次郎兼任の時代』では、北秋田・鹿角説も考えられるとしています。いずれも推定されるとしているので、執筆者の多くは不詳ということが正直なところだと思います。

明子 それではあなたはどう思いますか。

正男 とても難しい質問です。私は五城目町大川や三種町鵜川の出生ではないような気がします。生え抜きの人物であれば、何かしら地元に言い伝え、つまり伝説が残っているはずです。例えば、「兼任一族に関するものと伝えられる墓石」「兼任ゆかりの神社」「兼任が植えたとされる樹木」などの話です。これらが全く無いということは、外部（陸奥・津軽など）から入ってきたものと考えたいのです。もう一つ付け加えると、兼任の二人の弟（新田三郎近綱、二藤次忠季）は頼朝側に付き、御家人に取り立てられています。新田や二藤次は秋田県内の地名ではないような気がします。兼任も当初は陸奥国に住み、弟たちと近い場所にいたと思われますが、その後、別行動を取り秋田に入ってきて、八郎潟の東岸に住み着いたのではないかという考えです。

秋田大方

明子　それでは次は、④の「秋田大方の場所」についてです。

正男　これについては、どの書籍も「秋田大方」は八郎潟であると述べています。私も特に異論はありません。

志加渡

明子　それでは次に、⑤の「志加渡」の解釈についての方に進めていきます。

正男　これには、地名説と氷上渡り説の二つがあります。要するに「志加渡」をどのように読むかによって見解が分かれるのです。地名説は「シカワタリ」と読み、「鹿渡」（三種町鹿渡）の地名を指しているという意見です。『五城目町史』と『古戦場・秋田の合戦史』がこの説を採っています。一方、氷上渡り説は、「シガワタリ」と読み、氷のことを方言でシガと呼ぶので、氷の上を渡ることと解釈できるという主張です。この説を採っているのが、『飯田川町史』

と『八竜町史』です。

また、鹿渡の地名と氷上渡りの二説があり断定でないとしているのが『昭和町史』と『琴丘町史』です。

明子 「志加渡」では解釈が分かれますね。あなたはどう思いますか。

正男 秋田では氷のことをシガと言うので、シガワダリと表現すると語呂がいいですが、果たしてこの時の『吾妻鏡』の執筆者（記録者）が秋田弁を知っていたのかどうか疑問ですね。私は地名説の鹿渡を採ります。

水難事故の場所

明子 それでは次に、⑥の「渡りを開始した地点と遭難した場所」の方に進めていきます。

正男 多くの書籍は、「どの場所から渡って、どの付近で水難事故に遭ったかは不明」と記述しています。この中で、『飯田川町史』、『図説・秋田県の歴史』、『北緯四〇度の秋田学』の3書は、馬踏川河口付近から野村に向かう途中と述べています。

明子 それでは、あなたはどの場所から渡って、どの場所で遭難事故が起きたと思いますか。あなた自身の意見があったら聞かせてください。

正男 私は、前に述べたように伝説1、2を重視したいと思います。渡った場所は「天瀬川集落（三種町）北方付近」、遭難した場所は「夜叉袋川（八郎潟町）の沖」です。こうなると伝説1の一向堂村（夜叉袋字一向堂）に避難して一泊したという内容と整合します。

明子　『大河次郎兼任の時代』によると、東部干拓地の工事の際に兼任軍のものと思われる馬具などが発見されたと書かれているようですが、その内容を教えてください。

正男　はい、『大河次郎兼任の時代』には、次のように書かれています。

「昭和三八年（1963）、干拓工事の最中に農林省八郎潟干拓工事事務所東部干拓建設事業所管下の第五工区嵩上《かさあ》げ工事中に、泥の中から錆《さ》びついたぼろぼろの口金の甲金・鎧《よろい》の元締金などや馬具が大量に発掘され、『吾妻鏡』の記事を証明する画期的な事柄であったと事業所の〝八郎広報〟で伝えたという。残念なことにこの湖底泥中の遺物が発見後どうなったかは、全く不明である」

明子　東部干拓建設事業所管下の第五工区とは、どの場所ですか。

正男　周辺干拓地には、西部干拓地、南部干拓地、東部干拓地、北部干拓地があります。東部干拓地は、旧昭和町、旧飯田川町、井川町、五城目町にまたがっており、第五工区は馬場目川と井川川の間に位置しています。行政区では、井川町と五城目町になっています。流入河川の河口部とあるので、堤防付近になると思います。また、東部干拓建設事業所は八郎潟町一日市にありました。現在も建物が残っており、民間会社が所有し使用しています。

「八郎広報」について情報の提供を

明子　このことを書いた当時の八郎広報は、現在どこにありますか？　また、発掘物はどうなっていますか？

正男　昭和38年当時の「八郎広報」(同42年7月以降は存在)も「発掘物」も現在見つかっていないようです。八郎広報の話は、上野昭夫著『陸奥史略』(平成10年)の中に掲載されており、『大河次郎兼任の時代』はこの本から転載したようです。

　このことについて、精力的に取り組んでいる方がいます。秋田市将軍野の小川明夫さん（昭和24年生）です。小川さんは2年以上も前から当時の〝八郎広報〟と〝発掘物〟を探し続けていますが、令和6年（２０２４）8月時点では見つかっていないとのことです。小川さんが八方手を尽くしても出てこないということは、上野氏の話に疑念を感じてしまいます。

明子　昭和38年には中央干拓地（大潟村）の堤防が完成し、湖の排水が開始された年です。湖底から何が現れるだろうかと多くの人たちが色めき立っていたことと思います。このような時に、八郎広報に発掘物の記事が載ったら、新聞社も歴史家たちもこのことに気付き、大きく取り上げたはずですが……

正男　そう思いますね。昭和38年といえば私はまだ21歳の青年でした。この頃、東部干拓事務所に勤められた方々は私と同年代かそれ以上の歳だったと思います。61年前を振り返り、八郎広報の記事について少しでも知っている方がおりましたら、情報を提供してくださるよう願っています。

5千人水死の謎

明子　今まで①から⑥まで整理してきましたが、今度は溺死した人数について検証したいと思います。『吾妻鏡』に記載されている5000人の水死は事実でしょうか。とても疑問に感じますが？

正男　本当ですね。私も大きな疑問を感じています。書籍の多くも、「吾妻鏡の記載をそのまま信用することができないが……」と述べながら記述しています。

疑問の理由は、『吾妻鏡』の執筆者が現地を訪れて取材したものではなく、伝わってくる話をそのまま書いたと思うからです。大きな事件や事故などでは、とんでもない流言が飛び交います。例えば、関東大震災（大正12年＝1923）の時は、朝鮮人が暴動を起こしているというデマが広がり、約6000人が虐殺されたと記録されています。現在に目を向けても、似たようなことが起きています。令和6年元旦に能登半島地震が発生しました。この文をしたためている2月中旬になっても、虚偽情報や誤情報が流れ、現地では困惑することが多くあり、迷惑していると新聞やテレビが伝えています。

大潟村にはこんな虚偽情報があります。「作業中にドロにはまり動けなくなったトラクターを引き上げることが出来ずに、今も土中深く沈んでいる」という話です。誰かが話を面白くするためにオーバーに言ったことが事実のように伝えられているのです。デマは恐ろしいものです。

現在でさえこうですから、800年前は一層大きかったと思います。十が百になり、百が千になるという具合に鎌倉側に伝えられていったのではないでしょうか。

また、これとは別の見方をしている書籍もあります。「源頼朝に刃向かう者は、〝このように天罰を受けるぞ〟と頼朝に忖度《そんたく》して誇大に表現した」と記述している町史があります。

明子 このように聞いてくると5000人説は信用できなくなりますね。それではあなたは何人だと思いますか。

正男 50人程度だったのではないかと思います。流言が飛び交い、鎌倉へ伝わった頃は百倍にも膨らんでいたと考えます。

明子 話半分という言葉がありますが、50人とは桁《けた》があまりにも違いますね。

正男 うーん、そう思われるかもしれませんね。しかし、5000人と仮定して検証してみると、辻褄《つじつま》が合わないことが幾つかあります。箇条書きにしてみます。

① 7000人の兵士のうち5000人を失うことは壊滅的な痛手です。死者を放り投げて

進軍するはずがありませんから、その後始末にかなりの日数が掛かることでしょう。それが、10日後には、男鹿の橘公業を逃走させ、由利維平を討ち負かしています。こんなに早く立ち直ることができたのは、死者が少数だったから次の行動に移ることができたものと思うのです。

②当時の道路は、馬一匹が通る程の道幅だったと想像します。一列縦隊で7000人が進行すると隊列は10km以上の距離になります。八郎潟に出て広くなるため、仮に10列に編成替えしたとしても隊列の長さは1km以上になります。大河兼任親子は隊列のどの付近にいたのでしょうか。先頭、中列、後列と分散したものとすると、5000人が被害に遭ったのですから、親子3人のうち2人は犠牲になったはずです。しかし、3人とも無傷です。

③大潟村の農地には、小排水路、支線排水路、幹線排水路があります。小排水路は約300m間隔に、これを結ぶ支線排水路は約2km間隔に造られています。そしてこの水は、総延長22・6kmの幹線排水路に集まります。このように縦横細かく排水路が造られています。干拓工事でこの排水路の掘削が行われた際、人骨も馬具や刀などの金属片も、それらしい物は何も出てこなかったようです。水死者が5000人であれば、②で述べたように1000m以上の長さになるので、工事の際、排水路のどこかに当たるはずで

す。

このように考えると5000人説は理論上、成り立たなくなります。

明子 なるほどそうですね。50人説が正しいかどうかは別にして、5000人はどうも不自然ですね。

正男 『国土はこうして創られた』(1974年・富民協会編)に、「……八郎潟干拓によって七百七十年前の鎧兜《よろいかぶと》が発見されるのではないかと期待されたが、ヘドロ層が厚すぎたため〝兵《つわもの》どもの夢の跡〟はついに幻のまま、今も地中に深く眠り続けているようだ」とあります。私もこの本を書くまでは、そう思って夢に浸っていました。私と同じ考えの人たちも多かったと思います。この話は歴史ロマンとして取っておくところですが、夢を壊してしまい、申し訳ない気持ちです。

二話

異説・大河兼任

一、『埋もれた巨人の足跡』

明子　今まで22冊の書籍からいろいろ検証してきました。大筋では八郎潟とその周辺を舞台にした話になっていますね。私は色々違う意見を述べると、考察が深まるので喜ばしいことだと思います。そこでお尋ねしますが、全く違った解釈をしている本がありますか？　もしあったら教えてください。

正男　はい、実はそれがあります。『埋もれた巨人の足跡　―大河次郎兼任と黒滝について』という本です。昭和60年（1985）に、雄勝史料研究協議会が発行しています（非売品）。著者は湯沢市下院内の湊寧氏です。

明子　どうしてこのような本を覚えたのですか？

正男　前述した秋田市の小川明夫さんからお聞きしました。

明子　小川さんとは、いつどこで知り合ったのですか。

正男　令和4年（2022）4月、秋田魁新報の「声の十字路」に小川さんの文章が載ったのがキッカケでした。小川さんは、馬踏川《ばふみがわ》大橋のたもとに立つ「大河兼任軍勢五千余人遭難者慰霊」と書かれた供養塔に関心を持ち、「吾妻鏡の記述について、少しでもご存知の方は教えて欲しい」と投稿されたのでした。早速私は、「自分も大河兼任のことを調べているので、何か新しい情報が出てきたら、お互いに連絡を取り合いましょう」と電話しました。それ以来、折に触れて情報を交換しています。

明子　『埋もれた巨人の足跡』には、どのような内容が掲載されていますか。かいつまんで教えてください。

正男　タイトルが示すように、「巨人とも言える大河兼任の足跡を正しく表して世に伝えたい」という考えに立ち、兼任の生き方・行動を評価する内容になっています。

そして、2点について間違いを指摘しています。一つは、『吾妻鏡』の内容についてです。吾妻鏡は、大河兼任を「敗れし人々」の一人として極力矮小化《わいしょう》していることへの指摘。二つは、既存の文献についてです。「秋田大方」を「八郎潟」と付会（こじつけること）したことにより、間違った内容が広く世間に伝えられていることへの指摘です。

一つ目の吾妻鏡についての意見は私も同感です。吾妻鏡は大河兼任の行動を反逆とし、「凶賊」「凶徒」「逆賊」「賊徒」などの言葉で非難しています。吾妻鏡は鎌倉側（頼朝側）に立って書かれているのですから、当然このような表現になることは理解できます。でも、私たちはこの内容をそのまま受け入れないことです。あくまで大河兼任側に立って考察していくことが大事だと思います。

東北とりわけ秋田県は有史以来、中央からの威力に屈しながら、または引け目を感じながら過ごしてきたと言えるのではないでしょうか。大河兼任は、中央の巨大権力の源頼朝に立ち向かった数少ない秋田県人です。このことは秋田県の歴史に残る大きな行動だったと称賛しなければなりません。前述した書籍の多くも兼任の行動を評価しています。

二つ目は、秋田大方の解釈の違いです。この指摘は、大河兼任の定説が根本から変わるかもしれない大きな内容です。

明子 そうすれば、①～⑥は全く違う解釈になるわけですね。それでは、一つ一つ取り上げて説明してもらえないでしょうか。

正男 その前に、この本の文脈から説明します。前に紹介した書籍のように一般的な文章ではなく、個性的な表現になっています。文体は敬体（です・ます調）で柔らかい感じを受けますが、難解な用語が多く使用され、文章も独特なつづりなので、私のような浅学非才の者は理解できないところが多くあります。

全体の内容は、全く違う解釈をしているので、大河兼任を考察するうえでは貴重な一冊です。一般の人が理解できるような文脈であれば、多くの人に読まれ、もっと検証が深まったことと思うと残念に思います。

湊氏とお会いし色々お聞きしたいと思って調べたところ、10数年前に他界されたとのことです。残念ながら願いはかないませんでした。

二、湊氏が述べる「領域」「出自」「秋田大方」「志加渡」

領域と出自

明子　それでは、①の領域（支配地、勢力範囲）については、どのように書かれていますか。

正男　原文に近い形で掲載すると次のようになっています（カッコ内は当方による説明。以下同じ）。

本拠地は出羽国山北山本郡なる清原故地、現在の大曲市・仙北郡南部地方に在りました。大川に因んで、彼を八郎潟東辺に出生を擬し、あるいはその地方から能代市周辺に彼の本拠を擬定するのは、すべて付会に過ぎません。（一部意訳。以下同じ）。

このように、仙北郡南部説を述べています。②の居住地については、特に具体的に述べていませんが、美郷町六郷近辺を想定されるような内容になっています。

明子　次に、③の出自（素性・系譜など）についてはどうですか。

正男　これについては、次のように述べています。

大河兼任は平泉藤原氏の分族とされます。（略）男系の系統が前九年の役（永承6年〈1051〉の清原氏と安倍氏の合戦）の安倍一族の黒沢尻五郎正任《まさとう》に出自し、女系の系統は清原光頼の娘であるとする在地史料の伝えこそ信憑《しんぴょう》（確かで信頼できること）すべきことです。系譜として、正任―正衡―兼宗―兼任と推測されます。

明子　湊氏は、六郷東根（美郷町金沢字石神）と金沢寺田（同字寺田）の境界付近から、文化4年（1807）に大きな石畳が発見され、それを掘り起こしてみたところ、立派な石櫃《いしひつ》が現れ、その中に入っている経文《きょうもん》に「仁安三年（1168）二月金兼宗」の銘が見られたと述べ、この兼宗が兼任の父親であると推測しているようですが……

正男　このことは、菅江真澄の『月の出羽路　仙北郡』（文政8年〈1825〉~同12年〈1829〉に編んだ地誌で全25巻）の14巻に載っています。これには次のように書かれています。

石神村　家員廿六戸　（略）文化四年十月某日、この六郷東根の一字山《いちのじやま》にて山賤《やまがつ》（山仕事をする人）が石畳を起こし掘りうがちたりしかば石櫃あり。その内《なか》に白銅の筒に法華経を書写納めたり。筒に〃仁安三年戊子（１１６８）二月金兼宗〃とみゑたり。その後、この経とも六郷の本覚寺の境内にふたたび埋めたりといへり。墨書の経あり、また血書のような経あまたあり。これは、つみなはれたる人を埋みしつかたるよしをもいつたふ也。この一字山は、六郷東根と金沢寺田の村境に在り。（菅江真澄全集より）

明子　この文面は、私にはよく理解できませんが……

正男　実は私もそうですが、自分なりの解釈では、法華経を書いた経文、墨《すみ》で書いた経文、血で書いたような経文などが多く見つかり、六郷にある本覚寺の境内に埋めて保存されたと理解します。この経文が見つかった一字山は、石神集落の東方に聳《そび》える山で、この麓を「みずほの里ロード」（広域農道）が走っています。

『秋田のお寺』（秋田魁新報社）を見ると六郷地区には20を超える寺院が載っています。小さな町にこのように多くの寺院があるのでびっくりしています。このことは、地区は古い歴史があることとの証しだと思います。

寺院のなかの一つに本覚寺（六郷字東高万町26）があります。果たしてこの境内に埋められた経文が現在どうなっているだろうかと興味が持たれます。

私は前のページで、大河兼任がその土地の生え抜きの人物であれば、「兼任一族のものと伝えられる墓石」「兼任が植えたとされる樹木」「兼任ゆかりの神社」など何かしら言い伝えが残っているはずだと述べました。もし本覚寺やその境内から兼任一族に関するものが見つかることになれば、今までの定説が覆ることになります。

明子　もしそうなったら大発見になりますね。本覚寺や一字山などを調べてみたらどうですか?

正男　いずれ調べてみたいと思っています。六郷地区には30年来の知己がいます。戸澤辰男さん(昭和14年生)という方で、六郷ダムの湖底に沈んだ湯田集落(昭和50年移転)の生まれです。拙著『秋田・消えた村の記録』、『秋田・消えた分校の記録』、『秋田・ダム湖に消えた村』を発行する際に大変お世話になった方です。戸澤さんは人脈の広い人なので、郵便でお願いしました。今のところ、手掛かりになるような情報には行き当っていないということです。

秋田大方は「大保《だいほ》」

明子　次に、④の秋田大方の場所はどこか具体的に述べていますか?

正男　秋田大方は、大仙市藤木地区の大保であるとしています。そして、兼任が秋田河(雄物川)を完全に掌握していた事実を忘れてはなりませんとし、次のように述べています。

大保は営繕令でいう堤防であって、その成立の歴史は古く、これは秋田城と多賀城を直結する公路を古代政府が開拓した際、天平三年（759）に設定された助河駅《すけかわのうまや》の後身で、雄物川と横手川が合流する地点に在り、水陸両用の駅であるとともに、ここから西行して雷電山麓（大森山）を通れば由利柵にも連絡します。その軍事的価値を認められて水城として活用されるに至り、元慶《がんぎょう》の乱に秋田城を失った官軍が最高司令部を置いた「秋田営」というのは、この水城即ち大方にほかならないのです。この要害は兼任にとっても不可欠の要鎮《ようちん》であり、兵站《へいたん》基地でした。

＊助河駅：天平3年（759）に、雄勝・平鹿二郡が置かれ、雄勝城が築営されたのに対応して設けられた出羽山道駅路の終点駅。横手市増田町の皆瀬川北岸と推定

＊元慶の乱：元慶2年（878）に朝廷の苛政（悪政）に耐えかねて蜂起した蝦夷（土着民）が起こした反乱

＊秋田城：奈良時代から平安時代に秋田市寺内高清水に中央政府が設置した官庁

＊兵站：戦場の後方にあって物資などを補給する後衛部隊

大河兼任の大河の姓は、秋田河（雄物川）に因んだもので、五城目大川ではないとしています。つまり、秋田大方は「八郎潟」ではなく、「雄物川の大保」であるという考えが『埋も

れた巨人の足跡』の基本的な主張です。
私は最初のところで述べた「邪馬台国《やまたいこく》」のことをふと思い浮かべました。邪馬台国があった場所は、北九州説、近畿説と分かれ、未だに解決していません。ちょうどこのような感じになります。

明子　そうすれば当然、⑤の志加渡の解釈も違ったものでしょうね。

志加渡は「鹿野戸《かのと》」

正男　志加渡は、雄和町椿川（現秋田市）にある地名の「鹿野戸」であるとしています。このことについては、次のように述べています。

鹿野戸も対岸と併せて延喜式に白谷駅とされる水陸兼用の駅衙《えきが》（宿場と役所を備えた施設）でした。秋田城と助河駅、雄勝城をつなぎ、また一方で秋田城と由利柵・出羽国府とをつなぐ要衝にもあったわけです。

明子　全く違う解釈ですね。そうなれば、渡り始めた場所も遭難した場所も当然違ってくるわけですね。

正男　そうです。物資を積んだ後衛部隊の船が、雄物川を大保から鹿野戸に進む途中に事故を起こしたという主張で、次のように述べています。

兼任軍は、大保から舟を連ねて鹿野戸に陸揚げします。この途中で事故があったとすれば、荷役中の兵士たちが、船の転覆によって50人程度遭難したぐらいの軽微なものであったでしょう。それが鬼の首でも取ったように針小棒大に拡大されるモノモノしさです。鎌倉殿（頼朝）への迎合としても度が過ぎた不自然さを感じさせられます。

明子　遭難者の数は50人程度としています。これはあなたが述べている人数と同じですね。

正男　人数は同じですが、湊氏は兼任の情報作戦だったとしています。50人ほどの被害を５０００人と流して鎌倉側（頼朝）を油断させたというものです。これについては次のように述べています。

清原氏に傾倒し、その後継者を自任する兼任は、必然的に唐・宋・遼・金の興亡盛衰に大きな関心を持っていました。彼は宋と金の戦争において、金軍が有利に戦況を進めていた際、通津・宣化門などを攻めて河を渡ったところ、突然氷が破れて５００人の兵を水没させてしまったという故事（大治元年＝1126）を中国の史籍によって知っていて、これを鎌倉側への宣伝材料に使用したフシがあります。

これが事実だとすれば、兼任はすごい作戦家だと思います。源義経と名乗ったり、木曽義仲の子・朝日冠者と称して各地に出没したりして攪乱《かくらん》したようなので、デマを流す策略をとったことも当然考えられますね。

明子　水死者50人説は納得しましたが、本隊の7000人の部隊はどこを進んだのでしょうか？

正男　ここのところが私にはよく理解できません。本隊は陸上を進んだものではないでしょうか。雄物川の氷結は、船の通行には支障がなく、後衛部隊は荷物を積んで川を渡ったことになると思います。

明子　そうなれば、氷が突然消えて水難事故が起こるということは奇妙ですね。船が氷に突き当たって転覆したのであれば話は分かりますが、氷が消えようが溶けようが転覆とは直接関係ないと思いますが……

正男　同感です。ここのところが私には腑《ふ》に落ちません。

明子　『埋もれた巨人の足跡』の内容は、①から⑥まで全く違っていますね。ところで、湊氏は何の史料に基づいて述べているのでしょうか？

正男　湊氏は随所に、在地史料によればと述べています。その史料は「南諏訪古縁起」「善応寺古文書」「六郷辻家史料」となっています。

明子　端的に言って話の舞台は「八郎潟」か、それとも「雄物川」かになりますね。あなたはどちらに手を上げますか？

正男　とても難しい質問で、即答することができません。『埋もれた巨人の足跡』が発行されてから40年近く経ちます。この間、秋田県内の郷土史研究会や歴史研究会などで、本の内容が論じられたことがあったでしょうか。恐らく話題にも上がらなかったのでなかったかと思います。

その理由は、非売品で100ページ足らずの小冊子のため、人々の目にあまり触れられなかったこと。仮に目にしたとしても、菅江真澄の頃から、「秋田大方」は「八郎潟」と通説になっているので、変わった意見として捉えられ、あえて取り上げる必要がないと思われたのかも知れません。湊氏の主張（以下、湊説と呼ぶ）を支持するかどうかは別にして、色々な角度から考察することが大切だと思います。

今回私は即答できませんが、関係者から色々お聞きしたり、もっと史資料を調べたりして時間をかけて研究してみたいと思っています。

明子　そうすれば、現時点でのあなたの考えは通説の通りということですね。

正男　はい、そうです。湊説を調べていく過程で、考えが変ることがあるかもしれませんが、現時点では通説に従います。

明子　それでは話を元に戻して進めたいと思います。前のところで、あなたは５０００人の水死説を否定していますが、７０００人余の軍団の規模も信じませんか。

正男　いや、それは肯定します。何もかも否定するつもりはありません。基本的な部分は認めて整合しない点だけを指摘したいのです。

三話

大河兼任挙兵後の経過と結末

明子　兼任は何の目的で「氷上渡り」をしたのでしょうか。また、どこに向かおうとしたのですか？

正男　源頼朝への反逆ですから、最終目標は鎌倉だったと思います。しかし、その前に頼朝が派遣した新しい地頭たちを打ち破って進まなければなりません。まず手始めに、男鹿地方に派遣された橘公業を破らなければなりません。そのため男鹿に向かって進んだものと考えます。

明子　兼任が男鹿に向かってから、どのような経過をたどったか教えてください。

正男　このことについては、『吾妻鏡』の現代語訳から見てみると分かりやすいと思うので、反乱を企てている文治5年（1189）12月23日と翌24日の条《くだり》から見てみたいと思います。

【文治五年十二月二十三日 戊申《つちのえさる》】奥州からの飛脚が昨晩、鎌倉に到着し、「源義経と木曽義仲の子息、および藤原秀衡の子息などという者たちが、それぞれ一致団結して鎌倉に向けて出陣しようとしているという噂が盛んに言われている」と伝えた。そこで軍勢を北陸道に分けて派遣することについて、本日その話し合いがあった。雪の深い時期ではあるが、みな準備を行うようにと、小諸太郎光兼、佐々木三郎盛綱をはじめとする越後・信濃などの国の御家人たちに書状が送られた。藤原俊兼がこの役目を担った。

【十二月二十四日己酉《つちのととり》】工藤小次郎行光、由利中八維平《これひら》、宮六傔仗《けんじょう》国平らが奥州に向かって出陣した。陸奥国がまた騒然となっていると報告してきたので、防戦の用意をするためである。

明子　現代語を読むと、800年の昔のことではなく、ごく近年のように生々しく感じられますね。では、反乱を決行した1月6日の様子はどのように書かれていますか。

正男　このことが大河兼任に関するキーポイントとなるところです。9ページで現代語訳の一部を記載したので重複する部分がありますが、すべてを現代語訳で表現すると次の通りです。随所に手を加え、より理解が深まるようにしました。

【文治六年一月六日辛酉《かのととり》】奥州の故藤原泰衡の郎従であった大河次郎兼任らが、去年の十二月より反逆を企て、伊予守《いよのかみ》源義経と称して出羽国海辺庄《あまべのしょう》（荘園の名前。山形県酒田市付近）に現れ、あるいは左馬頭《さまのかみ》源義仲の嫡男・朝日冠者《かじゃ》と称して山北郡（仙北郡）で挙兵した。それぞれに反逆の一味を結成し、ついに兼任は嫡子の鶴太郎、次男の於幾内次郎および七千余騎の凶徒を率いて鎌倉の方に向かい出陣した。その経路は河北（雄物川の北部）、秋田城などを経て大関山を越え、多賀国府に出ようとするものであった。

しかし、秋田大方で志加渡を渡ろうとしたところ、氷が突然消えて、五千余人がたちまち溺《おぼ》れ死んでしまった。天罰をこうむったのであろうか。

ここで兼任は使者を由利維平《これひら》に送り、「昔から近い親族や夫婦の敵《かたき》を討つのは通常あることだが、未だ主人の敵を討った例はなく、兼任独りがこの例を始めるために、鎌倉に向かうのである」と自分の主張を伝えた。維平はこれに同調せず、小鹿島の大社山から毛々左田あたりに向かって兼任と戦うこと二刻《にこく》に及んだが、維平は討ち取られてしまった。兼任はさらに千福・山本方面（仙北・平鹿郡）に向かい、さらに北上し津軽地方に入って合戦し、宇佐美平次以下の御家人や雑色《ぞうしき》（雑務を行う者）の沢安たちを討ち取った。このような戦況になったので、奥羽にいる御家人たちは、それぞれ飛脚を鎌倉に送り、状況を頼朝に知らせた。

明子　この条には兼任の行動が具体的に記載されていますね。５０００人水死説については67～70ページであなたの考えを記載したので、これ以外のことについての所見をお願いします。

正男　そうですね。３点ほどあります。

一つは、「山北郡（仙北郡）で挙兵した」という箇所に疑問を感じます。この通り解釈すると、仙北郡から戦いの〝のろし〟が上がったと受け取れます。もしそうなると、兼任の本拠地は八郎潟東部説ではなくなります。この点をどう解釈するかが郷土史に携わる人たちの今後の課題ではないでしょうか。もし仙北郡内から兵を挙げたのであれば、湊説が正しいことになります。

二つは、由利維平を毛々左田で討ち取った後、千福・山本方面に向かったとあります。これは一つ目の内容と矛盾するように思います。仙北郡から戦いを起こしたのですから、そこは本拠地であるため敵がいないわけで、攻める必要がないはずです。なぜ向かったのか疑問を感じます。

三つは、仙北・平鹿郡に向かった後、今度は北上して青森県津軽地方に進んでいます。南下しないで、なぜ北上したのか、この点がどうしても理解できません。

【一月七日壬戌《みずのえいぬ》】　去年奥州で囚人（捕らわれた人）となった二藤次忠季は、大河兼任の弟である。たいそう物の道理をわきまえていたので、すでに御家人となっていた。そこで頼朝に命じられることがあって、奥州に下向したところ、その途中で兼任の反逆の情報を聞き、今日鎌倉に帰参した。これは兄弟であるといっても、全く兼任に同意していないと、頼朝への忠節を示すためという。頼朝は特に感心され、「早く奥州に馳せ向かい、兼任を追討せよ」と命じられたという。二藤次忠季の兄の新田三郎入道も、同じく兼任に背いて鎌倉に参上したという。彼らが申し上げたことにより、頼朝は蜂起《ほうき》（いっせいに反乱を起こすこと）のことを初めて知って驚いて、軍勢を奥州に派遣せよと決定された。平盛時、藤原行政らが、軍勢を招集する文面を書き、相模国《さがみのくに》以西の御家人に発せられた。征伐の用意をして参上せよとのことであった。

明子　兼任の弟たちはいずれも御家人に取り立てられていますね。このことからすると兼任も頼朝と近い関係にいたと推測されます。ここら辺の事情がよく分かりません。

正男　そうですね。私もよく理解できません。62ページの出自のところで述べたように、兼任は若い時には陸奥や関東方面に住んでいて、後年に秋田に入って来たものでしょうか。兄弟が敵味方になることはつらいですね。

【一月十三日 戊辰《つちのえたつ》】今日、奥州の凶徒を鎮めるために向かうようにと、上野《こうずけ》・信濃《しなの》などの国の御家人に伝えられた。次に、上総介《かずさのすけ》足利義兼が追討使として向かい、また千葉新介胤正が一方の大将を承った。ここで胤正が、「葛西三郎清重は特に優れた勇士です。先年の上総国での合戦時、共に戦いました。今度もまた共に戦うようにと、清重によくよく命じてほしい」と言った。清重は現在、奥州にいることから、胤正と共に戦うようにと、書状を清重宛に出されたという。古庄《ふるのしょう》左近将監能直《さこんしょうげんよしなお》・宮六傔仗《けんじょう》国平をはじめ奥州に所領を持つ者たちもほとんど出発したという。

【一月十五日庚午《かのえうま》】雨が時々降った。頼朝が二所詣に出立された。千葉小太郎成胤は今度の奥州での合戦で功をあげたため、頼朝は特に感心され書状をしたためられた。ただし、合戦では先陣を進むようなことはせず、身を慎むようにと書状に記されたという。

【一月十八日癸酉《みずのとのとり》】頼朝は伊豆山（静岡県熱海市に所在）におられたところ、御幣《ごへい》を奉納する前に、奥州の葛西三郎清重から、去る六日に出立した飛脚（使者）が到着して、「兼任と御家人たちがすでに合戦を始めました。味方の軍勢のうち、橘公業、宇佐美平次実政、大見平次家秀、石岡三郎友景等が討ち取られました。由利維平は、兼任が襲撃してきた時に城を棄てて逐電してしまいました」と申し上げた。飛脚は二人派遣されたが、一人は病気のために途中でとどまっているという。頼朝は「使者の報告は間違いだろう。きっと維平が討死し、公業が逐電したのだろう。普段から二人の考え方を知っているから察することができるのだ」と述べた。そしてその使者は奥州に戻された。「すでに軍士を派遣している。特に何事もなかろう。それぞれ驚きあわてることはない」と告げられたという。大見家秀もこのことを注進していたが、その書状は合戦の没後に届いたという。

【一月十九日甲戌《きのえいぬ》】葛西清重が奥州から送った飛脚の一人が途中病気で遅れたが、回復して今日伊豆の国府に着いて合戦の状況を報告した。去る十八日に到着した使者の報告と同じであったが、大河兼任が小鹿島に向かった時に公業は逃亡し、兼任から宣戦の使者を受けていた維平は合戦に馳せ向かい討ち取られたと申し上げた。これは頼朝が言われたことと符合したため、人々は舌を鳴らして感嘆した。

明子 1月6日の事件の内容が正式に頼朝に届いたのは18日ですから10日以上も掛かっています。当時は情報伝達が随分遅かったようですね。ほかにあなたが感じたことがあったらお願いします。

正男 一つは、大河兼任が由利維平に「主人の仇を討った例は今までなく、兼任独りがこの例を始めるために鎌倉に向かうのだ」と書状を送ったとあります。これを読み兼任の気概を感じました。

二つは、1月18日の飛脚（使者）が、「橘公業が討ち取られ、由利維平は逐電しました」と報告したところ、頼朝は「使者の報告は間違いだろう。維平が死んで公業が逃げたのだろう」と言ったという。翌1月19日の飛脚は、「維平が討ち取られ、公業が逃走した」と報告し、頼朝の推察どおりだったので、そこにいる人々は感嘆したとされます。これを読み、頼朝の洞察力を感じました。

さて、この続きも見ていきましょう。

【一月二十七日 壬子《みずのえね》】 橘公業が奥州から参上した。彼が言うには、一旦、大河兼任の包囲から逃れ、外から攻める作戦に切り替えようと考えていたところ、戦術について他の御家人たちから讒言《ざんげん》（人を落とし入れるため目上の人に告げること）があったとの噂を聞いたので、誤解を解くため鎌倉に参上したのだという。この報告によって公業は面目を一応保つことができ、その後、公業とその子息が頼朝の側近となり、信頼を得た。

【一月二十九日甲申《きのえさる》】 雑色《ぞうしき》（雑務を行う者）が使者として奥州に派遣された。「凶賊が自分の所領内を通るからと言って、御家人たちが自分の手柄を立てようとして、少人数の兵でむやみに戦おうとして利を失ってはならない。関東から派遣された武士も、在国している者たちも、それぞれ片寄った考えを持たずに心を合わせて同じ場所に集まり、よく話し合って合戦を行うように」と書状をもって御家人たちに今日命じられたのである。由利維平の行為は称賛すべきことのようであるが、大敵とまみえるにはいささか考えが足りなかったかと、頼朝がお考えになったようである。このような時はむしろ、橘公業の深い考え方が正しかったのではないかという。

【二月五日 己丑《つちのとうし》】 雑色の真近、常清、利定が奥州へ派遣された。これは三方面で合戦が行われるので、その検分のためである。また凶徒の蜂起が御家人たちの活躍にもかかわらず収まらないようであれば、頼朝が出陣されるため、その適否を申すようにと、千葉新介胤正をはじめとする御家人たちに仰せられた。また「合戦の大要は、歩兵などは山や沢を行くと敵を捜すのに有利である。そこで主だった敵のいる場所を探して襲うように。おおよそこの度の落人《おちうど》らは、郎等に至るまで全員の身柄を召し出すように。落人についての相論（論じ合う）や下人らのことについては、仲間同士でいさかいをしてはならない」と定めた。

【二月六日庚寅《かのえとら》】辰《たつ》の刻に奥州からの飛脚が到着して言った。「先月二十三日に奥州を出ました。その日はまだ、関東から軍勢が到着していなかったのに、大河兼任らの逆賊の軍が蜂のように集まっていました」と報告した。これを聞いて雑色の里長を奥州に送った。頼朝から細かい策（指示）が授けられていた。その内容は、「まず、反逆の者たちについては、全員死罪を免れることはできまいが、降伏してきた時は、死罪か流刑かどちらも頼朝の判断によるものとする。奥州の者たちは、兼任の猛威を恐れて一旦は反乱に加わったが、本心はこちら側に向いていたかもしれない。降伏してくる者については刑を軽くすることを、あらかじめ国中に知らせておくように。ただ追討するということだけを伝えると、人々は逆心を起こして無理に合戦しようとなると、こちらにとっては煩《わずら》いになるであろう。次に新留守所・本留守は共に兼任に同意したという罪科があり、すぐにも殺されるべきであるが、しばらく葛西三郎清重に預けて、甲二百両《よるい》の過料を納めさせよ。本留守は年齢がすでに七十歳であり、斬罪にするまでもなく最期を迎えるのは程なくであろう。次に方々の軍勢が塩竈《しおがま》神社（宮城県塩竈市一森山に所在）以下の神領に入り狼藉《ろうぜき》をしてはならない」との指示であった。

【二月十二日丙申《ひのえさる》】鎌倉から発進された軍士と奥州在国の御家人らが、大河兼任を討つために奥州に集結していた。昨日、各々平泉を駆け過ぎた。泉田（宮城県大郷町付近）で凶徒の居場所を尋ねたところ、兼任は一万騎を率いてすでに平泉に向けて出発したという。そこで、泉田を出発して行き向かった者たちは、足利上総前司《あしかがかずさのぜんじ》（義兼）、小山五郎宗政、小山七郎朝光、葛西三郎清重、関四郎、小野寺太郎道綱、中条義勝法橋（成尋《じょうじん》）、中条藤次家長をはじめ雲霞《うんか》（非常に多く集まる事）のような大軍であった。夜になって、一迫（宮城県栗原郡一迫町）を越えることができなくなり、途中の民家などで宿を取ることにした。この間に兼任軍は早くも平泉を通過した。そこで今日、千葉新介胤正らが馳せ加わって襲撃し、栗原の一迫で遭遇して戦闘した。賊徒が散り散りになったので追いかけていったところ、兼任はなお五百余騎を率いて平泉の衣川を前にして陣を張り、栗原に向けて衣川を越えて合戦した。凶賊が北上川を渡って逃亡したので、引き返して戦う者たちをすべて討ち取り、次々と追跡した。外浜《そとがはま》と糠部《ぬかのぶ》の間に多宇末井《とうすえ》の架け橋があった。この山を城郭として兼任が籠《こも》っているとの噂があったので、義兼らがまたこの場所に駆けつけた。兼任は一旦防戦したものの、結局敗北し、自身は逐電して跡をくらましてしまった。兼任の郎従たちは首をはねられたり、降参したりしたという。

＊外浜・多宇末井：外浜は津軽半島の陸奥湾に面した地域。多宇末井は青森市浅虫付近

【二月二十三日戊戌《つちのえいぬ》】奥州での合戦の事について、千葉胤正、葛西清重、堀親家が飛脚を送って、「賊徒の主だった者はたいてい敗北し、大河兼任は逐電しました。その間、古庄能直《ふるのしょうよしなお》、宮六国平たちが戦略を尽くした」と述べた。

明子　挙兵してから1カ月半経った2月23日には勝敗が決しました。残念ながら、兼任が思い描いた大きなうねりを呼び起こすことが出来なかったことが敗因だったと思いますが……

正男　兼任が率いた兵は、平泉に入る2月12日には1万人になっていました。これをどう解釈したらよいだろうか。7000の兵が1万になったのだから大きく膨れ上がったと捉えるか、それとも同調者がさほどいなく1万人にまでしか増加しなかったと解釈するか、ここは意見の分かれるところです。私は、兼任が描いていたほどの大きなうねりが起こらなかったという意見です。せっかく大河兼任が立ち上がったのだから、もっと同調者が増加してほしかっ

たと思うと残念な気持ちです。

明子　本当にそうですね。さて、話は前に戻りますが、津軽地方で頼朝の御家人・宇佐美平次などを倒した後、どのようなコースを進んで宮城県方向に達したのか吾妻鏡からは見えてきません。大関山を越えて多賀国府に出ようとしたとありますが、大関山の場所はどこですか。さらにもう一つは、「外浜と糠部の間に多宇末井の……」の箇所です。現代語訳の解釈では青森市になっていますが、宮城県一迫町付近の戦いが青森県の北部まで移ってしまうのは疑問を感じます。

正男　吾妻鏡の現代語訳によると大関山は笹谷峠となっています。山形市と宮城県川崎町の県境の峠で、国道２８６が走っているようです。しかし、兼任はこのコースは進まなかったと思われます。

津軽地方で勝利した兼任は秋田に戻り、そして宮城県方向に向かったのではないでしょうか。考えられるコースは、仙北市田沢湖町→岩手県雫石町（国見峠）、横手市山内→岩手県北上市、東成瀬村→岩手県一関市（須川峠）、湯沢市皆瀬→宮城県栗原市（花山《はなやま》峠）、湯沢市秋ノ宮→宮城県大崎市（鬼首《おにこうべ》峠）などです。この辺の道順が『吾妻鏡』には明確に載っていないので、あくまで推測するしかありませんね。また、青森市まで戦いが広がったことには私も疑問に思います。

明子　さて、行方をくらました兼任はどうされたのでしょう。最後のところはどのようになっていますか？

正男　それでは、その後の様子を吾妻鏡から見ていきます。

【三月一日乙卯《きのとう》】奥州の凶徒らは敗北したとはいえ、賊の中心である大河兼任は未だ存在が分からない。よって、むやみに鎌倉にやってきてはならないと、頼朝は御家人たちに命じられた。

【三月十日甲子《きのえね》】大河兼任は、従っていた軍勢がすべて殺されてしまい、一人になって進退に窮まり、花山（宮城県）、千福・山本（秋田県）などを経て、亀山を越えて栗原寺《りつげんじ》（宮城県）まで出た。この時、兼任は錦の脛巾《はばき》を着け金作《こがねづく》りの太刀を帯していたので、樵夫《きこり》たちがこれを怪しみ、数十人で取り囲み、斧で兼任を討ち殺した後、このことを千葉胤正たちに告げた。そこで兼任の首を検分したという。

【三月二十五日己卯《つちのとう》】大河兼任が去る十日に誅殺《ちゅうさつ》されたと、奥州からの飛脚が鎌倉に到着して伝えた。また生け捕りは数十人に及んだという。

正男　大河兼任に関する記載は、この条で終わっています。このように兼任はあっけない最期を遂げました。この部分の原文を掲載します。

> 十日申子。大河次郎兼任。於二従軍一者。悉被二誅戮一之後。獨迫二進退一。歴二花山・千福・山本等一。越二龜山一。出二于栗原寺一。爰兼任着二錦脛巾一。帯二金作太刀一之間。樵夫等成恠。數十人相二圍之一。以斧討二敝兼任一之後。告二事由於胤正以下一。仍實二撿其首一云々。

明子　この条を読んで私は疑問に感ずることがあります。

一つは、三月十日の条にある地名です。敗走した兼任は、花山～千福・山本～亀山～栗原寺と進んだとありますが、千福・山本は秋田県です。宮城県から秋田に戻ったということになるでしょうか。せっかく地元に帰ったのに、なぜ敵陣の宮城県に再び向かったのか理解できません。

二つは、三月十日の条で兼任が一人になってしまったとしているのに、三月二十五日の条では生け捕りは数十人に及んだと書かれています。となると、兼任は一人ではなく何人か一緒だったのではないでしょうか。ここのところが曖昧《あいまい》で分かりにくいです。

三つは、木こり数十人が兼任を囲みというところです。十数人の木こりが囲んだというのであれば話は分かりますが、山奥に数十人の木こりが集まるということはどう考えても不自然です。木こりではなく、頼朝側の兵士ではなかったかと思われてきます。

正男　私も木こりに斬殺されたという内容には疑念を抱いています。「生け捕りは数十人に及んだ」とあるので、この中に兼任も含まれていたものと思われるのです。生け捕られた者は、現地の総大将のもとに連行され、刑罰が言い渡されたものと推測します。兼任はここで刑に処せられたものではないでしょうか。

『吾妻鏡』は前にも述べたように、執筆者が現地を取材して確認しながら書いたものではなく、飛脚（使者）が伝えたことを記録したものなので、曖昧な点や整合しない点が当然出てくるものと考えます。したがって私たちは吾妻鏡を読む場合、この点を考慮しながら読んでいかなければいけないと思います。

また、執筆者が頼朝の行動を誇大に脚色して表現している場面も多々あると思います。このことは逆に言うと、兼任の失態（例えば５０００人水死説など）や敗北を極力大きく表現していることにもつながります。つまり、「兼任が独りで山中をさまよい、木こりに殺された」との記載は、「頼朝に歯向かうと、このような惨めな最期になるぞ！」と兼任の哀れさを強調して物語風に書いたとも考えられると思います。

明子　このことについては、これ以上話しても推測の域を出ませんので、この辺にしたいと思います。

正男　そうですね。ただここで言いたいことは、兼任に関する部分については、『吾妻鏡』の内容を１００％受け入れないことです。内容に疑問を持ちながら考察してみることが大切だと思います。

明子　兼任の結末についてはこのくらいで区切りをつけて、ほかの事項に進みたいと思います。色々知りたいことがありますが、最初に兼任と子息たちの年齢についてはどのように考えたらいいでしょうか?

正男　史資料がないので推測になりますが、兼任は70に近い年齢、息子はいずれも40歳を超えていたものと考えます。

明子　そうすれば、息子たちは結婚し、家庭を持っていたでしょうか?

正男　私はそう思います。

明子　３人とも妻がいたとすると、妻は戦場には出ないで居館を守ったことになるでしょうね。

正男　私はそう思って、亡き夫の供養のために造った墓石や神社などが残されていないか調べているのですが、それらしきものは残念ながら今のところ見つかっていません。

話はそれますが、大館市八木橋地区の五輪台集落に西木戸神社があります。平泉の藤原泰衡の妻が夫の死を知ってこの地区で自害したという悲話が伝えられています。同神社はこれを祀ったものだということです。兼任一族にはこのような伝説が残っていないのが残念ですが、もしかしたらと思われることが実は一つあります。

それは、伝説3（55ページ掲載）の五城目町北ノ又に源義経が隠れたとされる盆城《ぼんじょう》という館跡の話です。大河兼任は義経を名乗ったりしているので、この伝説に出てくる義経は、兼任のことと思われます。私の想像では、兼任の息子の鶴太郎または於機内次郎が一迫の戦いから生き延びてきて、自分が支配していた五城目に帰って北ノ又に隠れ住んだと、考えられないかということです（兼任は鵜川地区、子供たちは五城目や井川地区を支配したと推定）。そして、義経と名乗って日々を送ったものではないかと想像するのです。

北ノ又地区（隣接する蛇喰《じゃばみ》地区を含む）には最盛時15戸（近野7戸、金沢5戸、内藤3戸）がありましたが、令和6年時点の生活者は近野《こんの》一彦さん（昭和30年生）一家だけになっています。一彦さんによると、館跡と伝えられている場所は近野家の川向かいの台地であるといいます。五城目町役場の地籍簿では、付近一帯の地名（字名）は盆城になっています。現在は荒れ地になっているが、かつては田や畑であったということです。

近野家の大本家は、町内高崎地区に移転した近野格也《かくや》さん（昭和18年生）と聞いたので、早速、格也さん（五城目町定市場組合組合長）を訪ねました。格也さんは、「集落の川向かいの館跡と言われる場所は通称〝館の台〟と呼んでいた。森林軌道が北ノ又の上流（ネコバリ岩の上流）から杉沢まで延びており、館の台には五城目営林署作業員養成所の建物があった。昭和26年（1951）にこの建物を借用して北ノ又分校が開設された。館の台の上手に〝八幡神社〟があった。館の台の下方には、私の家の田んぼがあり、〝中の台〟と呼んでいた。先祖は落ち武者だとは聞いているが、義経の話は聞いたことがない」と語ってくれました。

30年前、私は秋田県内の分校調べをしており、平成6年8月にこの地を訪れたことがあります。鳥居の前に「杉沢小学校　北ノ又分校跡」の標柱が立っており、その上手には神社の鳥居が建っていました。私はこの当時の写真（巻頭・伝説の地を訪ねる「平成6年当時の北ノ又盆城跡」）を持っていますが、現在は山林になってしまい、ここに足を運ぶのは難しいとのことです。分校は昭和32年に「清流の森」（農家レストラン）の場所に校舎を新築したと記録されています。

ちなみに、「清流の森」の隣にある茅葺き屋根の「盆城庵」（元宿泊・休憩施設）は、盆城から命名されたとのことです。

800年前の北ノ又には人がまだ住んでいなかったはずです。近野家の家系は古いと伝えられていることなので、もし、盆城の主が住み着いて集落を開いたとしたら、近野家には大河兼任の血が流れているかも知れません。夢の膨らむ話です。

明子　伝説が出たついでに、伝説4、伝説5、伝説7についても説明してください。

正男　伝説4（55ページ）は、五城目町富津内下山内にある八幡神社に義経が轡《くつわ》を奉納した話です。ここに出てくる義経は伝説3同様、大河兼任の息子の鶴太郎か於機内次郎ではないかと思われます。この神社は、富津内下山内の中島地区にあります。付近の方々から尋ねてみましたが、どの方も義経の話は聞いたことが無いとのことです。境内には、大正3年（1914）と同8年（1919）奉納の石灯籠が並んでいることから、広ヶ野台からの移転は明治期と推測されます。

伝説5（56ページ）は、井川町北川尻の真山神社の話です。この神社は、源義経の家来・亀井六郎重清の子供が開いたと伝えられています。義経とその家来の武蔵坊弁慶、増尾十郎兼房、鈴木三郎重家、亀井六郎重清、片岡八郎弘経、鷲尾三郎経春、備前平四郎成実たちは文治5年（1189）4月30日に衣河館（平泉の衣川北岸に所在した）で討死しているので、妻子が生き延びて北川尻に逃れてきたものでないでしょうか。ちなみに羽後町飯沢の鈴木家は、鈴木三郎重家の子孫と言われているので、これも妻子が生き延びてきたものと思われます。

この亀井家は伊藤と姓を変え、多くの分家を残したようで、北川尻地区には伊藤姓が多くあります。地区を歩いて尋ねていたら、「伊藤貞二郎さんが知っているのでは……」と教えてくれた方がいたので、早速、伊藤貞二郎さん（昭和14年生）を訪ねました。伊藤さんは住宅の近くに在る畑に足を運び、「この隣地が川原崎の城跡と呼ばれている。真山神社の中には亀井家のものとされる古い物品は何も残っていないようである。大本家は家系が絶えてから多くの年数が経っているので、詳しいことは分からなくなっている」と語ってくれました。この川原崎の城跡は、河川改修のため今は地形が大きく変わってしまったといいます。

真山神社の鳥居の脇には、樹齢が数百年とも思われるケヤキと杉の大木が存在し、歴史の深さが感じられます。神社と城跡とは４００ｍほど離れています。

亀井家がこの地に住み着くことができたのは、大河兼任の息子たちの庇護《ひご》があったからだと想像します。

伝説７（57ページ）は、菅江真澄が２００年以上前の江戸後期に、三種町の芦崎と大谷地を訪れて、『男鹿の秋風』（文化元年＝１８０４）と『男鹿の春風』（文化7年＝１８１０）に源義経に関する話を書きとどめた内容です。

大谷地には、義経が牛若丸といった時代に鞍馬山で一緒に修行したことがある鈴木宗因という人がおり、鈴木家に立ち寄った話です。鈴木家は真澄が訪れた時は家系が断絶して、その跡地に太郎作という漁師が住まいしていたと記述しています。大谷地集落の姥御前《うばごぜん》神社の境内に、宗因家のものと思われる高さ60㎝ほどの石碑が2基並んでいます。

この集落で商店を営む畠山重直さん（昭和23年生）は、畠山家の大本家で、重直さんで16

代目という旧家です。重直さん宅の後方にある〝丸山〟は、砂丘としては日本一高い山（65・2m）とのことで、地区の名勝になっているということです。この丸山のふもとの北側一帯は「宗因屋敷」と呼ばれており、「そこにあった2基の石碑を昭和43年（1968）に姥御前神社の境内に移したようです」と語ってくれました。

一方芦崎の方は、門間庄兵衛家から食糧を借りて、その証文として「粟の券《あわふだ》」を置いていったという話です。門間庄兵衛家は、当主が門間宗一郎さん（昭和27年生）になっています。門間さんに尋ねたところ、粟の券の話は聞いてはいるが、現在それらしきものは残されていないとのことです。菅江真澄は、粟の券があるということを聞いたと書いているので、200年前までは残っていたのかも知れません。

門間家の墓地に建てられている墓碑には、庄三郎を代々襲名したことが刻まれています。宗一郎さんで何代目か正確には分からないが、30代を超えると伝えられているとのことです。

大谷地と芦崎に出てくる義経は、伝説1・3・4とは違って本物の義経であったと思われます。文治元年（1885）10月、頼朝は義経の追討を命じました。義経は各地を逃げ回り、文治3年（1187）2月に平泉藤原秀衡の下に身を寄せます。大谷地、芦崎を訪れたのは、平泉に向かう途中に立ち寄った話だったと想像します。

真澄は、義経が蝦夷《えぞ》の島（北海道）に渡る途中と書いていますが、私は義経が平泉を脱出して北海道に渡ったとする説には無理があるように思います。『吾妻鏡』に記載されているように、平泉で命を落としたことが事実ではないでしょうか。

明子　伝説は面白いですね。伝説は年月が経つにつれて語る人もいなくなり消えていってしまいます。もっと調べてしっかり記録して残さなければいけませんね。

堂ノ下遺跡と洲崎《すざき》遺跡

明子　話は伝説から遺跡に変わります。三種町鯉川地区の「堂ノ下遺跡」から巨大な製鉄炉跡が発見されました。この遺跡は大河兼任と関連があるとする書籍がありますが、このことについて教えてください。

正男　この遺跡の場所は、鯉川集落の東方、秋田自動車道の「八郎湖ＳＡ」（サービスエリア）内にあります。平成10年（１９９８）の発掘調査で、鎌倉時代初期と推定される巨大な製鉄炉が確認されました。ＳＡ内には「堂の下土笛の鐘」が設置されています。

この遺跡から出土したのは、砂鉄から鉄塊を造る製鉄炉、鉄塊を溶かす溶解炉、砂鉄を備蓄した穴、木炭を造る炭窯などが見つかったとされます。

『秋田県の歴史』には、「こうした巨大作業場が機能した背後には、労働力の徴集と日本海海運などに強い力を発揮できる武士団の存在があったと考えられる。もし、この作業場が

1100年代末までさかのぼるとすれば、大河兼任がこれを配下におさめていたことも考えられる」と述べられています。

『大河次郎兼任の時代』には、「兼任の基盤は農業だけでない気がした。エゾと何か取り引きしており、そのための海運を持っていたと思っていたが、今回、兼任と時代を同じくする製鉄炉が見つかり、なぞが解けた（塩谷順耳氏）」。また、「兼任が一時であれ、あれ程の行動を起こしたのはバックに鉄による武力、財力があったかも知れない（新野直吉氏）」と記述されています。

頼朝に戦いを挑むには、財力も備わっていなければ出来ないとする説に私は納得します。

明子　ＪＲ奥羽線井川さくら駅の西方には、「洲崎遺跡」がありますが、これも兼任と関連があるでしょうか。

正男　この遺跡の場所は、新屋敷集落の西方（八郎湖方向）１㎞ほどの所にあります。平成10年（１９９８）の発掘調査で、井戸跡３１２基、掘立柱建物跡１１５棟、土坑２９７基、堀《ほり》跡《あと》・溝跡・道路跡など膨大な遺構・遺物が出土し、大きな集落跡と判明したとされます。

集落跡の特徴として、周囲を幅およそ５ｍの堀で囲まれていたこと、弓の稽古《けいこ》が行われていたことを物語る的の出土があったことの２点が紹介されています。

出土した井戸部材の年代測定の結果から、遅くても１２００年代後半には成立したものとされるとしていますが、集落は突然形成されたものではなく、それ以前から起こったものと推定します。

こう考えると大河兼任との関係があったことは否定できません。息子の鶴太郎と於機内次郎は、鵜川の兼任の元から独立し、五城目や井川を支配していたものと私は思います。息子の誰かが洲崎遺跡に関わっていたのでないでしょうか。そうなれば、北ノ又に隠れたとする伝説3にもつながってきます。

四話

『吾妻鏡』から見る義経と藤原氏の滅亡

明子　大河兼任が奥州藤原氏の仇を討とうとして兵を挙げたのは、6ページにあるように文治6年（1190）1月ですね。藤原氏が滅んだのはいつですか？

正男　文治5年9月です。藤原清衡《きよひら》が中尊寺に金色堂を建立したのが天治元年（1124）で、平泉文化が花開きました。清衡、秀衡《ひでひら》、泰衡《やすひら》と続きましたが、9月3日に泰衡（35歳）が殺害されて藤原三代は滅びました。その4カ月後に大河兼任が立ち上がったのです。

明子　源義経は平泉の藤原氏の下に身を寄せていたとされますが、義経が殺害されたのはいつですか？

正男　文治5年4月30日です。平泉衣河館（奥州市衣川北岸に所在した）で、31歳で命を落としたとされます。

明子　源義経は源平合戦で平家を滅ぼした立役者として有名です。どうして兄の源頼朝に抹殺されなければならなかったのですか？

正男　「壇ノ浦の戦い（文治元年＝1185）で、平家を滅亡させた義経は、京都と宮廷で高い人気があり、後白河法皇は義経に検非違使《けびいし》太夫尉《たゆうのじょう》（通称判官《はんがん》）の位を与えました。法皇との結びつきを深めていく義経の行動を兄頼朝は快く思わず、自分を脅かす存在になると考え、義経の鎌倉入りを許しませんでした。そして、義経は次第に頼朝から嫌われるようになり、各地を逃亡しながら最後は平泉藤原氏の下に身を寄せましたが、藤原泰衡によって殺されました」ということが教科書や歴史書に一般的に書かれていることで、多くの人に知られているところです。

壇ノ浦の戦いが3月24日です。その2カ月後の5月4日には頼朝は義経を勘当に処しています。この辺の経緯《いきさつ》が『吾妻鏡』に詳しく記載されているので、この機会に義経と頼朝との関係を見ていきたいと思います。

源平合戦から大河兼任の挙兵まではわずか5年です。この5年間の政治情勢は目まぐるしく変わったようです。『吾妻鏡』をじっくり読んで、教科書に載っていない裏の事情を知ってもらいたいと思います。それでは文治元年（1185）3月から文治5年（1189）9月までの中から、義経と藤原氏に関係する部分をピックアップして簡潔に掲載してみます。

明子　現代語訳とは言え、その当時の独自の言葉が出てくると思います。できるだけ分かりやすく説明してください。

正男　はい、分かりました。『現代語訳　吾妻鏡』を基に、さらに当方で手を加えて読みやすくなるように努めましたが、下手にいじると時代感覚が薄れてしまうので、気を遣いながら極力努力してみました。

さて、ここで頻繁に出てくるのが、源頼朝と源義経の名前です。頼朝は武衛《ぶえい》や二品《にほん》という名前で、義経は廷尉《ていい》、伊予守《いよのかみ》、判官《はんがん》などの名前で出ていますが、〝頼朝〟〝義経〟と簡潔に表現しました。頼朝は、後に征夷大将軍《せいいたいしょうぐん》となり『吾妻鏡』の主役の立場なので、本来は敬称を付けるところですが、ここでは分かりやすくするために省きました。

また、天皇・上皇・朝廷などから出される文書は、現在は聞き慣れない言葉なので簡潔に説明を加えました。

平家滅ぶ

◇**文治元年**（1185）

▼**3月24日**：壇ノ浦（山口県下関市壇ノ浦町付近）の戦いで平氏が滅亡。

▼**4月11日**：この条には、頼朝のもとに義経から壇ノ浦の戦いの記録が届けられたことが書かれています。記録の内容は、「先月二十四日に長門《ながと》国赤間関《あかませき》の海上に八百四十余艘《そう》の軍船を仕立て、平氏もまた五百余艘を漕《こ》ぎ出して合戦し、午《うま》の刻に逆賊の平家は敗北した」となっています。

▼**4月14日**：この条には、義経の使者が鎌倉の頼朝のもとに到着して、「平家の追討が無事に終わったのは、もっぱら兵法に優れていたからであり、後鳥羽院の評価は比類ないほどであると、頼朝に申し上げるようにとのお言葉を承りました」と述べたところ、頼朝は非常に恐縮して喜ばれたことが書かれています。

▼4月21日：この条には、1週間前とは全く違う状況が述べられています。それは九州から送られた梶原景時《かげとき》の使者が鎌倉に到着して、義経の不義（道から外れた行為）について訴えたのです。その内容は、「義経は、頼朝様の御代官として御家人たちを従えて派遣され、合戦をやり遂げられました。しかし、義経はしきりに自分一人の功績によるものと考えていますが、すべては多勢の協力があってのことです。人々は義経のためを思ってやったのではなく、頼朝様を仰いでいたからこそ、心を一つにして平家を滅ぼしたのです。しかし、その後の義経の様子はほとんど日頃の状態を超えており、兵士たちは薄氷を踏む思いをしています。心から義経に従う思いは全く持っていません。特に景時はお側で仕えていたので、その道理に反した行動を見るたびに、頼朝様の御意向に背《そむ》いていると諫《いさ》めましたが、諫めの言葉はかえって身の災いとなり、ともすると刑罰を受けかねない状況です。合戦が無事に終わった今、早く鎌倉に帰りたいと思います」となっています。

梶原景時は、九州に派遣される時に義経の部下として配属されたようです。「義経は独自の考えを持ち、頼朝の言い付けを全く守らず、思いのまま勝手に物事を行うので、人々が恨みを抱いていたことは、景時に限ったことではありません」と頼朝に訴えたのです。

壇ノ浦の戦いから1カ月も経たないうちに、このように義経に対する不満が表われ始めています。

義経を勘当

▼**5月4日**：この条には、鎌倉に帰りたいという梶原景時に対して、頼朝は「義経を勘当に処したので、今後は義経の命に従ってはならない。何人《なにびと》も勝手に鎌倉に帰ってはいけない」とする内容の書を九州に戻る景時の使者に手渡したことが書かれています。

▼**5月7日**：この条には、義経は兄頼朝から不快に思われていることに気付き、家来の亀井六郎重清を使者として鎌倉に送って、頼朝に異心を抱かないことを誓う起請文《きしょうもん》（宣誓文）を献上されたことが書かれています。頼朝は許すどころか、かえって怒りを深めることになったとされています。

ここに出てくる亀井六郎重清には、井川町北川尻の真山神社に子孫の話が伝えられています（56ページ参照）。

義経の詫び状

▼**5月24日**：この条には、鎌倉に入ることを許されなかった義経が、腰越駅《こしごええき》（鎌倉市腰越付近）で日を送っており、愁《うれ》いの余り因幡前司《いなばのぜんじ》広元を通じて一通の詫び状を頼朝に送ったことが書かれています。広元がこの書状を頼朝に見せたところ、はっきりした返答はなく、「追って考えよう」と述べたといいます。義経の詫び状の内容は、「義経が恐れながら申し

上げます。私の思いますには、頼朝の御代官の一人として選ばれ、朝敵を倒し、先祖伝来の弓矢の武芸を発揮して、会稽《かいけい》の恥を雪《すす》ぎ（敗戦の屈辱をはらす。中国の故事による）ました。それを賞されるべきところ、思わぬ虎口《ここう》（非常に危険なこと）の讒言《ざんげん》（告げ口）によって、計り知れない功績が無視されることとなり、私は罪深くして罰を受け、功績こそあっても誤りは無いのに、御勘気を被ってしまい、むなしく涙に暮れています。事態の原因を考えてみると、良薬は口に苦く、忠言は耳に逆らうという先人の諺があります。このようなことで讒言する者の実否も問い調べられないまま、鎌倉の中にも入れてくださらないので、私は本心を述べることができず、いたずらに日々を送っています。今は長い間お顔を拝見しておらず、肉親であることも空しくなってしまったようです。私の運命も極まったということでしょうか。前世の罪業の故でしょうか。悲しいことです。こうなっては、亡き父・源義朝の霊に蘇《よみがえ》っていただく以外に、誰に私の悲しみをお伝えし、誰が私を哀れんでくれましょうか。今さら申し上げるのも、繰り言のようになってしまいますが、私は父上・母上から体を授けられましたが、すぐに父義朝が亡くなられてしまったため、みなし子となり、母の懐に抱かれて大和国宇多郡《うだぐん》の竜門牧（奈良県宇陀市内）に赴いて以来、一日も片時も安心して過ごしたことは無く、自分は生きていても仕方ないのだと思いながらも、京都の近くで暮らすことは難しかったので、諸国を流浪し、身をあちこちに隠して生きてきました。辺境の遠国を住みかとし、土民百姓らの奉仕を受けてきました。けれども好機がついに熟して到来し、平家一族を追討するために上洛しました。最初に木曽（源）義仲を誅殺した後、平氏を攻め滅ぼすため、ある時は険しくそびえ立つ岩山で駿馬に鞭打ち、敵のために命を落とすことも顧みず、ある時は大海原で風波の難に耐え、身を海の底に沈めて、亡骸《なきがら》が鯨にさらされても悲しみませんでした。さらには甲冑《かっちゅう》を枕として、弓矢の武芸にのみ専心するその思いは、すべて父上・兄上らの亡き魂の憤りをお休め申し上げ、年来の宿願を遂げようとする以外に願いはございません。そのうえ私は五位の検非違使尉（判官）に補任《ぶにん》されたことは、我が源家の面目であり、このような希《まれ》なる重職に任官したことは、これにまさることがありましょうか。ところが今は、愁いは深く、嘆きは切なるものがあります。仏神の御加護なくして、どうしてこの訴えが届くことがありましょうか。それゆえ、あちこちの神社の牛王宝印《ごおうほういん》（熊野神社や法隆寺などが出す護符）の裏に、〝私は全く野心を抱きません〟と記し、日本国中の大小の神仏にお誓いし、数通の起請文を書いて献上しましたが、それでもなおお許しはありませんでした。そもそも我が国は神国です。神は無礼な行いをお許しになりません。頼るところは他にありません。ひたすら貴殿（中原広元）の広大なご慈悲におすがりするしかありません。時期を見て、頼朝のお耳に入れていただき、手立てを尽くされ、義経に誤りがないと認められてお許しにあずかれば、その善行は源氏の家に及び、その栄華は永く子孫に伝えられるでしょう。そうすれば私の長い愁いは散じ、生涯の安心を得ることができましょう。私の文章では書き尽くせませんので、詳しくは省略します。どうかお察しください。義経が恐れながら申し上げます」とつづられています。

▼**6月9日**：この条には、酒匂《さかわ》（小田原市酒匂付近）付近に逗留していた義経が、この日、平宗盛を連れて京都に帰られたことが書かれています。義経は頼朝に直接会って、日頃思っていたことを率直に述べれば、理解してくれるであろうと思っていたが、頼朝との拝謁が叶わず、むなしく京都に帰ることになったと記されています。

▼**6月13日**：この条には、義経に与えられていた平家の元領地二十四カ所が没収されたことが書かれています。「義経の行為は代官として行ったものであり、御家人たちが付いていなければ、一人で平家を退治することができなかったのに、すべて自分一人の功績であると言っているのは、〝全くもって奇怪な振る舞いだ〟と頼朝が激怒され、土地の没収になった」ことが述べられています。

▼**8月4日**：この条には、源行家《ゆきいえ》のことが書かれています。行家は頼朝の叔父であるが、あまり良くないうわさが流れており、頼朝は、「早く行家を追討するように」と佐々木定綱に書を渡されたとなっています。

▼10月9日：この条には、義経の追討を土佐房昌俊が引き受けたことが書かれています。義経の追討について評議したところ、多くの人々が辞退したい様子であったのを、土佐房昌俊が進んで引き受けたので、特にお褒めの言葉があったと記されています。昌俊は八十三騎の軍勢を引き連れて出発したとなっています。

▼10月13日：この条には、義経が密かに後白河院に参り、奏聞《そうもん》（天皇に申し上げること）したことが書かれています。「源行家が関東に背き謀反《むほん》を企てました。その理由は、行家の身を誅せよとの頼朝の命令が、行家の耳に届いたので、何の過ちがあって無実の叔父を誅するのかと憤《いきどお》ったのです。義経はしきりに制止しましたが、一向に聞き入れられません。それに、義経もまた平氏の凶悪を退けて、世の中に静けさを取り戻しました。どうしてこれが大切なことでないでしょうか。それなのに頼朝は全くそれに報いようとせず、義経に与えられていた所領などもすべて改変したばかりか、義経を誅滅せよと企てているとの噂もあります。義経はこの難を逃れるために、すでに行家と手を結びました。この上は頼朝追討の勅許《ちょっきょ》（天皇の許可）を賜りたいです。勅許が無ければ両人ともに自殺するつもりです」と述べたところ、後白河院は「よくよく行家の鬱憤《うっぷん》をなだめるように」と答えられたことが記されています。

▼10月18日：この条には、義経が申し上げた頼朝追討について、許可を出すべきか否かの会

議が御所で開かれたことが書かれています。会議の結果は、「今のところ、義経のほかに朝廷を警護する武士はいない。勅許を与えなければ、もし義経が乱暴に及んだ時に、何者に命じてこれを防御《ぼうぎょ》できるだろうか。現在の難を逃れるために、まずは義経の申請通りに宣下《せんげ》（天皇が命令を下すこと）して、追ってその間の事情を頼朝に伝えれば、頼朝も決して憤ることはないだろう」ということになったと記されています。そのため義経に宣旨《せんじ》（天皇・朝廷の命令を伝える文書）が下りました。宣旨の内容は、「従二位源頼朝卿は専ら武威《ぶい》を輝かし、すでに朝廷の秩序を忘れている。前備前守源朝臣《あそん》行家・左衛門少将同朝臣義経に命じて、源頼朝を追討させよ」となっています。

▼**10月29日**：この日、頼朝が義経と源行家を征伐するため京に向かって出発されたことが書かれています。

▼**11月7日**：この条には、頼朝が京都の様子を確認するために、黄瀬川宿《きせがわ》（静岡県沼津市大岡付近）に逗留されていたことが書かれています。頼朝は、「去る10月18日の宣旨は逆賊の申請のままに出された。どうして度重なる勲功を棄却するのか」と憤慨されたと書かれています。

▼**11月15日**：この条には、大蔵卿高階泰経の使者が鎌倉に到着して10月18日の宣旨の内容について弁明したことが書かれています。使者は、「義経らのことは、朝廷の本意ではあり

ません。ただ武威を恐れて院に伝奏しただけです」と述べ、頼朝に書状を渡したといいます。書状の内容は、「行家と義経の謀反はただただ天魔のなすところです。追討の院宣《いんぜん》（朝廷の命令）を出されなければ、宮中に参って自殺すると申してきました。そのため差し当たって難を避けるために、一旦は勅許（天皇の許可）があったかのようにしたものであり、決して後白河院のお考えにより与えたものではありません」というものだったとされています。頼朝は、「行家と義経の謀反は、天魔の所為であると言われたことは、甚だいわれのないことである。頼朝が多数の朝敵を降伏させ、世の政務を朝廷に任せ奉《たてまつ》った忠節を、どうして反逆に変えてしまうのか。特別な院の御意思によらずに、院宣が下されたのか。行家や義経を召し捕られなかったために諸国は疲弊し、人民は滅亡することになったと使者に返答された」ことが記されています。

▼**11月17日**：この条には、義経が大和国吉野山（奈良県吉野町にある山）に隠れているとの噂があったので、山林を捜索させていたが、見つからなかったことが書かれています。

▼**11月25日**：この条には、頼朝が帥中納言《そちのちゅうなごん》・藤原経房を通じて、行家と義経の謀反のことについて不満に感じていたことを、後白河院に詳細に申し上げたことが書かれています。これを受けて新しい宣旨が出されました。その内容は、「源行家と源義経は自分勝手に野心を抱き、ついには西国に赴いた。しかし、摂津国で船出しようとしたところ、逆風の難

に遭った。誠にこれは天罰である。漂流して没したなどと消息については諸説あるが、死亡したということには疑いが残る。早く源頼朝に命じて、直ちにその所在を捜索し、身柄を捕らえるように」となっています。

◇**文治2年**（１１８６）

▼**1月29日**：この条には、義経の行方がいまだに聞こえてこないため、静《しずか》（義経の妻）から聞きたいことがあるので、静を鎌倉に呼ぶようにと、頼朝が京都の北条時政に命じられたことが書かれています。

▼**2月18日**：この条には、義経が多武峰《とうのみね》（奈良県桜井市の多武峰寺）に隠れているとの情報があったので、義経の師である鞍馬の東光坊阿闍梨《あじゃり》や奈良の周防得業《すおうのとくごう》（聖弘）などが、これに加担している疑いがあり、捕らえて鎌倉に召し出すことにしたということが書かれています。

▼**3月14日**：この条には、行家と義経を捜し求めるようにとの宣旨《せんじ》が関東に到着したことが書かれています。宣旨の内容は、「文治二年二月三十日　宣旨。行家と義経らは邪悪な心が日ごとに積もり、反逆の企てが露見して、京の外へと追われ、山野に逃亡している。隠れ場所はおおよそ聞こえてきた。熊野、金峰山、大和、河内、伊賀、伊勢、紀伊、阿波などの国司に命じて、確かな居場所を捜し出し、その身柄を捕らえて進上するように」とな

っています。

▼**3月15日**：この条には、今日、義経が伊勢神宮に参って、所願成就のためと称して金作の剣を奉納したことが書かれています。この太刀は、度々の合戦の間に身に付けていたものだったとされます。

▼**3月22日**：この条には、静から詳しい事情を尋問したが、義経の居場所は分からないと言い張ったままであることが書かれています。今は義経の子を身ごもっており、産後に京都に帰るようにと指示があったとなっています。

▼**4月20日**：この条には、「行家と義経が今なお洛中にいて、比叡山の悪僧らと同意し結託しているという噂があるので、特に院に伝えて処置すべきである。さもなければ、勇士を比叡山に差し遣わして、その悪僧らを捜索するように」と頼朝が藤原経房に伝えられたことが書かれています。

▼**6月7日**：この条には、神紙権大副《ごんのたいふ》（大中臣）公宣が、「源義経は先頃、伊勢国に姿を現し、伊勢神宮に参詣しました。現在はまだ奈良付近にいるとの噂があります。ところで祭主（大中臣）能隆朝臣は、義経に内通して祈禱《きとう》を行ったようです」と述べたことが書かれています。

▼**閏7月26日**：この条には、7月17日の院宣《いんぜん》が到着したことが書かれています。その内容

は、「義経が比叡山に逃げ隠れ、それに味方する僧侶がいると五郎丸（義経の雑用を務める少年）が白状したという。このことを比叡山に伝えたところ、名指しされた僧侶たちは逃亡したという。すぐにも武士を派遣して比叡山《ひえいざん》を攻撃すれば、比叡山が滅亡することになる。義経一人の事で、京も地方もいまだに安堵《あんど》することが出来ない。返す返す院が嘆かれるところである」とのことが記されています。

▼7月29日：この条には、静が鎌倉で男児を出産したことが書かれています。その内容は、「その子が女子ならば、すみやかに母に与えられる。男子であれば、今は産着《うぶぎ》にくるまれていても、将来恐ろしいことになりかねないので、幼少の時に命を断つのが良いと決めていた。そのため今日、安達新三郎清経に命じて、赤児を由比浦に捨てさせた。このことを御台所政子がお嘆きになり、頼朝をなだめ申し上げたが叶わなかった」となっています。

▼11月5日：この条には、頼朝が義経のことについて帥中納言藤原経房に書状を送られたことが書かれています。その内容は、「義経は今に至っても姿を現わしていません。これは、公卿《くぎょう》・殿上人《てんじょうびと》がみな鎌倉を嫌っており、京中の諸人が義経に味方して策謀しているためです。中でも藤原範季朝臣が義経に同意していることには、憤りを感じています。さらにまた仁和寺宮《にんなじみや》（守覚法親王《ほっしんのう》）も義経の味方であると聞いています。これは一体どういうことなのでしょうか」と述べられており、頼朝が朝廷に対して不満の気持ちを表してい

ます。

義経、奥州平泉へ

◇文治3年（1187）

▼**2月10日**：この条には、義経が奥州に向かったことが書かれています。「義経は、これまで諸所に隠れ住み、何度も追捕使《ついぶし》の追及を逃れてきたが、とうとう伊勢国・美濃国などを通り、奥州に向かったという。これは陸奥守《むつのかみ》・藤原秀衡の権勢を頼ってのことであり、妻室と子供を伴い、みな山伏や児童に姿を変えていた」と記されています。

▼**4月4日**：この条には、義経の居場所がまだ分からないことが書かれています。「今やもう人間の力の及ぶところではありません。ぜひとも神仏に祈られるべきですと、人々が意見を具申したので、鶴岡八幡宮（鎌倉市雪ノ下にある神社）をはじめとする神社仏寺で数日来祈禱が行われた」との内容が述べられています。

▼**9月4日**：この条には、「頼朝が奥州に派遣していた使者が今日鎌倉に帰ったという。使者の言うところによると、秀衡は異心がないと弁明しているが、すでに反逆の用意があるようだという。そこでその使者を、奥州の情勢を朝廷に申し上げるため、今度は京都に派遣した」ことが書かれています。

平泉・藤原秀衡死す

▼10月29日：この条には、「今日、藤原秀衡が陸奥国平泉館において亡くなったという。亡くなる直前に源義経を大将軍として陸奥国の国務に当たることを息子の泰衡らに遺言したとされる」という内容が書かれています。

平泉館は、中尊寺金色堂の正面にあり、奥州藤原氏の政庁としての機能を有しており、現在の柳之御所跡にあったようです。秀衡は享年65だったとされます。

◇文治4年（1188）

▼10月25日：この条には、源義経を追討せよとの宣旨の案文（正文の写し）が鎌倉に到着したことが書かれています。その内容は、「文治四年十月十二日　宣旨。源義経は突然に邪悪な心を抱き、早く京都を出て、思いのままに虚言をあやつり、奥州にまで赴いた。そこで藤原基成ならびに藤原秀衡の子息泰衡らに命じて、義経を捕らえて進めるようにと、宣旨が以前に下された。ところが、基成らは皇命を恐れず、勝手な理屈を述べている。あまねく天下において、どうしてそれが許されようか。義経が陸奥国中に出没しているとのことは、たしかな情報があり、すでに一カ月を経過した。詳しく捜査を行えばきっと所在が明らかになるだろう。そうならないのは、ひたすら義経の野心に味方し、朝廷を軽んじるものである。とりわけ泰衡は四代にわたる祖先の跡を継承し、己の威を陸奥一国にふるま

ってきている。重ねて泰衡らに命じて、ただちに義経の身柄を捕らえるよう進上させよ。義経に同意する心があれば、きっと後悔の思いを残すことになろう。もっぱら朝廷の厳しい命令を守り、凶悪な者の誘いに乗らなければ、その勲功に応じて恩賞を与えよう。もし悪徒な者に従い、なお道に逆らうことを図れば、官軍を差し遣わして征伐するであろう。天皇の命令は何よりも重い。決して違反してはならない」とのことが記されています。

▼**12月11日**：この条には、義経の追討のことについて、宣旨が下されるとともに、後白河院庁の御下文《くだしぶみ》（上皇が出す文書）が添えられていたことが書かれています。院庁の下文の内容は、「院庁が陸奥・出羽両国の国司たちに下命（命令）する。義経を基成・泰衡らに命じて捕らえるよう、去る春に宣旨ならびに院宣を出されたところ、泰衡らは朝廷の使いにも驚かず、むやみに朝廷に背く奸計《かんけい》（悪いはかりごと）をめぐらし、ただ偽りの弁明をしている。とりわけ義経らはなお多くの凶悪な残党と結んで、たしかに陸奥の辺境に住んでいるという。それがすでに露見されているということは確かである。基成・泰衡らは、身は王民であり、住む地は帝土でありながら、どうしてむやみに朝命に背き、どうして賊に与《くみ》するのであろうか。企てがもし事実であれば、その咎《とが》めは大きい。これ以上義経をかくまって朝廷の趣旨に従わない場合は、ただちに官軍を遣わして征伐する。院の仰せは以上の通りである。両国司らはよろしく承知し、間違ってはならない。よって下命する」と

なっています。

◇**文治5年**（１１８９）

▼**2月26日**：この条には、去年、朝廷から奥州に遣わされた官史の紀守康が京都に戻る途中に、鎌倉に逗留して頼朝に状況を伝えたことが書かれています。守康は、「義経の所在が露顕しましたので、速やかに捕らえて進上するつもりです」と藤原泰衡が文書にして差し出したことが述べられています。これに対して頼朝は、「泰衡の本心はなお測りがたい。もともと義経に味方しており、先頃は勅定に背いて彼を逮捕しようとしなかった。そして今、一時的に追及を逃れるため、このように言っているが、全く信用することができない」と返答されたことが記されています。

義経、衣河館で死す

▼**4月30日**：この条には、義経が襲撃されて落命したことが書かれています。「今日、陸奥国で藤原泰衡が源義経を襲撃した。義経は藤原基成の衣河館におり、泰衡の数百騎の兵がその館に攻め寄せて合戦した。義経の家来らが防戦したが、すべて敗れた。義経は衣河館の持仏堂《じぶつどう》に入り、まず二十二歳の妻と、四歳の娘を殺し、次いで自害した」という内容になっています。

義経は三十一歳の若さだったといいます。衣河館は奥州市の衣川北岸の河岸段丘上に所在したとされます。

▼**5月22日**：この条には、「義経を誅した」との文書を持った飛脚が奥州から鎌倉に着いたことが書かれています。それには、「先月三十日に藤原基成の館で源義経を誅しました。その首は追って進上します」と述べられています。頼朝は、「去る閏四月三十日に、奥州の藤原基成の館で義経を誅したと、藤原泰衡が書を送ってきました。このため、来月九日の鶴岡八幡宮寺の供養は延期することにしました。この旨を後白河院にお伝えください。頼朝が謹んで申し上げます」との文書を飛脚に持たせて京都に送ったとの内容が記されています。

▼**6月8日**：この条には、前に京都に送った飛脚が夜に鎌倉に帰ってきたことが書かれています。帥中納言藤原経房の返事を持っており、この書には「源義経が誅罰されたことについては、特に喜ばしいと後白河院が仰せられました。義経が滅亡したからには、国中もきっと平穏を取り戻すであろう。今となっては弓矢を収めよ、と内々に頼朝に申すようにとのことでした」という内容が述べられています。

義経の首実検

▼**6月13日**：この条には、義経の首実検の様子が書かれています。「藤原泰衡の使者・新田冠者高平が源義経の首を腰越浦《こしごえうら》（鎌倉市腰越付近の海岸にあった刑場）に持参し、経緯を言上した。そこで首実検をするため、和田太郎義盛、梶原平三景時をそこへ遣わされた。それぞれ甲直垂《よろいひたたれ》を着て、甲冑《かっちゅう》姿の郎従二十騎を従えていた。その首は黒漆《くろうるし》の櫃《ひつ》に納めて美酒に浸され、高平の従者二人が担いでいた。昔、蘇公は討ち取った敵を自ら担いだが、今、高平は他人に首を担がせていた。その様子を見る者はみな涙を拭いて両袖を濡らしたという」とのことが記されています。

　義経が命を落としたのは4月30日です。40日以上も経ってから鎌倉に届いたことになります。

▼**6月24日**：この条には、頼朝の奥州への出陣の準備と、これを思いとどめさせようとする朝廷側の主張が書かれています。頼朝側は、「奥州の藤原泰衡がこれまで義経をかくまってきた罪は、すでに反逆以上のものである。そこでこれを征伐するため出陣することになったので、『御旗一流を製作して進上せよ』と千葉常胤に命じられた。旗に使う絹は、小山朝政が頼朝の召しによって献じた」と記されています。

　一方、朝廷側は、審議の内容を内々に伝えたいとなっており、その内容は、「このことは関東の憤りは無視できないが、義経はすでに誅されたのである。今年は伊勢神宮の造営で上棟があり、東大寺の造営もあって、かれこれ重なり大変であろうから、追討の儀は猶予せよとの旨の殿下（藤原兼美）からの御教書が頼朝に献じられようとしている」となっています。

▼**6月25日**：この条には、奥州の追討については、やはり宣旨をいただきたい旨を重ねて頼朝が朝廷に申し上げられたことが記されています。

▼**6月27日**：この条には、「頼朝はこのところ奥州征伐に余念がなく、前に追討の宣旨を朝廷に申請していたので、軍勢を動員しており、鎌倉に集まった者はすでに一千人に及んでいる」とのことが書かれています。

▼**7月8日**：この条には、「千葉介常胤が新調の御旗を頼朝に献じた。その旗の長さは源頼義が前九年の合戦（1051）で使用した御旗の寸法と同じで、一丈二尺の布二幅からなっていた」とのことが書かれています。「旗は白糸の縫い物で、上方には〝伊勢大神宮・八幡大菩薩〟とあり、下方には向かい合った鳩二羽が縫われていた」と記されています。

▼**7月12日**：この条には、頼朝が飛脚を京都に遣わされ、「奥州の藤原泰衡を追討すると、以前申し上げましたので、きっと宣旨を下さるだろうと考え、軍勢を召集したが、すでに何日も経過してしまいました。当方の出した飛脚に返事を頂戴したいと思います」との内

容であり、頼朝の宣旨の催促が書かれています。

▼**7月16日**：この条には、朝廷の使者である後藤兵衛尉《ひょうのじょう》元清と7月12日に頼朝が京都に送った飛脚が鎌倉に着いて奥州征伐について内容を説明したことが書かれています。元清が、「藤原泰衡追討の宣旨のことについて、摂政藤原兼実・公卿らがたびたび審議しました。しかし、義経の生死が分かった今、これ以上泰衡を追討するのでは天下の大事となってしまう。今年中はやはり思いとどまられるのがよいと、去る七日に宣旨が出されました。急いで詳細を頼朝に報告するよう、帥中納言藤原経房が連絡してきました。どうなさいますか」と述べたところ、頼朝が憤りを抱かれ、「多くの軍勢が鎌倉に参上しており、すでに多くの出費もある。どうして先送りできようか。今となっては必ず出陣するつもりである」と返答したことが記されています。

頼朝奥州へ出陣（合戦開始）

▼**7月19日**：この条には、頼朝が奥州の藤原泰衡を征伐するために出陣されたことが書かれています。いよいよ奥州攻撃が始まったことになります。

▼**7月25日**：この条には、頼朝が下野《しもつけ》国古多橋《こたばし》の駅（現宇都宮市）に到着し、宇津宮《うつのみや》社（現宇都宮神社）に奉幣し祈願されたことが記されています。

▼**7月28日**：この条には、頼朝が新渡戸《にとべ》の駅（栃木県那須郡内）に到着し、奥州が近くなったので、軍勢を掌握するために、御家人たちに命じて手勢を報告させたことが記されています。

▼**7月29日**：この条には、頼朝が白河関（福島県白河市にあった古来の関）を越えられ、関明神に奉幣したとのことが記されています。

▼**8月7日**：この条には、頼朝が陸奥国伊達郡阿津賀志山《あつかし》（福島県国見町に所在）に程近い国見の駅に到着したこと。一方の藤原泰衡は、頼朝の出陣を聞き、阿津賀志山に城壁を築いて備えたことが書かれています。「国見宿と阿津賀志山との間に、口が五丈もある堀を構え、阿武隈川を堰《せ》き入れて柵となし、異母兄の西木戸太郎国衡を大将軍とし、二万騎の軍兵を付けて防戦に備えたという。山内の三十里は軍勢で充満した。泰衡は国分原（仙台市内）の鞭楯《むちだて》（宮城野区内）に陣を敷いた。また栗原（宮城県栗原市栗駒栗原付近）・三迫（同市内の北西部から北東部）・黒岩口（同市栗駒岩ヶ崎付近）・一野辺（不詳）には、若九郎大夫・余平六をはじめとする郎従を大将軍として数千の勇士を置いた。さらに田河行文・秋田致文を派遣して出羽国を防衛したという。夜になり、明朝に泰衡の先陣を攻撃すると頼朝は内々に宿老の将軍らに伝えた」と記されています。

この阿津賀志山の堀は現在、阿津賀志山防塁として約４㎞が国の史跡に指定されているようです。

▼**8月8日**：この条には、合戦の状況が書かれています。「金剛別当秀綱は数千騎を率いて阿津賀志山の前に陣取った。卯の刻、頼朝はまず試みに畠山重忠・小山朝光・加藤景廉・工藤行光・工藤祐光らを遣わし、矢合わせを始めた。秀綱らは防戦したが、大軍が幾重にもなって攻撃したので、巳の刻になると賊徒は退却し始めた。秀綱は大木戸（城柵）に馳せ帰り、合戦に敗北したことを大将軍の西木戸国衡に告げた。そこで国衡はさらに計略をめぐらしたという」と記されています。

▼**8月9日**：この条には、夜になり、明朝、阿津賀志山を越えて合戦を行うことを決められたことが記されています。

平泉陥落

▼**8月10日**：この条には、合戦がこの日に決着が付いたことが書かれています。戦いの内容は、「卯の刻に頼朝はすでに阿津賀志山を越えられた。大軍が木戸口（城柵の入り口）に攻め寄せ、矛を立てて矢を放った。しかし、西木戸国衡は簡単には敗北しそうになかった。畠山重忠・小山朝政・小山朝光・和田義盛・下河辺行平・藤原成広・三浦義連・加藤景廉・葛西清重らは武威をふるい、身命を捨てて戦った。また、泰衡の郎従らが金十郎・

勾当八《こうとうはち》・赤田次郎を大将軍として根無藤《ねなしふじ》（宮城県蔵王町根無藤付近）の辺りに城郭を構えていたので、三沢安藤四郎・飯富源太宗季をはじめとする者たちがなお追走して攻撃した。敵はまったく衰える気配がなく、ますます集まって来たので、根無藤と四方坂《しほうざか》（蔵王町四方峠付近）との中間で両軍の一進一退の攻防が七回に及んだ。ところが、金十郎が討ち取られると、泰衡の軍はみな敗北し、勾当八・赤田次郎をはじめとする生け捕られた者は三十人となった。ここでの合戦が無事終わったのは、すべて三沢藤四郎の兵略によるものであった」と詳細に記載されています。

▼8月11日：この日は、頼朝が船迫宿（宮城県柴田町船迫付近）に逗留したことが記されています。

▼8月12日：この条には、頼朝が夕方に多賀の国府（陸奥の国府。多賀城市付近）に到着され、東海道軍の武将らと会われたことが書かれています。

▼8月13日：この日の頼朝は、多賀の国府で休息をとられています。

▼8月21日：この条には、頼朝が藤原泰衡を追って平泉に向かわれたことが書かれています。天気は暴風雨だったようです。そして泰衡の行動について述べています。「泰衡は平泉の館を通り過ぎ、なお逃亡していた。事態が差し迫っており、門前を通ったものの少しの間も逗留することができなかった。わずかに郎従ばかりを館の内に遣わし、高屋（高床

式の建物か）や宝蔵などに火を放った。杏《あんず》の梁《はり》や桂《かつら》の柱の立派な構えであった奥州藤原氏三代にわたる旧跡は失われ、麗《うるわ》しい金や宝石の蓄えは一時に灰となってしまった」と記されています。

▼**8月22日**：この条には、頼朝が大雨の中を平泉の館に到着されたことが書かれています。「館主の藤原泰衡はすでに行方をくらませ、館は煙と化していた。周囲数町はひっそりとして人影もなかった。代々が住んでいた郭《くるわ》の内は、みな滅んで、土地のみがあった。ただ さっと吹く秋風が幕に入る響きをおくるのみで、静かな夜雨が窓を打つ音を聞くことはできなかった。ただし西南の角に一棟の蔵があり、延焼の難を逃れていた」と平泉の無残な光景が記載されています。

▼**8月26日**：この条には、藤原泰衡の懇願の書状について書かれています。それは、一人の男が頼朝の宿所付近にやって来て、一通の書状を投げ入れて立ち去ったということです。頼朝が御覧になったところ、表書には、「進上　鎌倉殿侍所　泰衡敬白」とあり、書状の内容は、「源義経のことは、父藤原秀衡が扶持申し奉っていたものです。藤原泰衡は、どのようにして始まったのかを全く知りません。父の死後、貴名を受けて誅殺しました。これは勲功と言うべきでしょう。ところが今、罪も無いのに突然に征伐されるということは何故でしょうか。このため先祖代々の在所を去って、山林に籠《こも》っており、まことに哀れな

状態です。奥羽両国はすでに頼朝の御支配にある以上は、泰衡はお許しいただき御家人の列に連なりたいと思います。さもなければ死罪を減じて遠流《おんる》（流刑、島流し）に処してください。もし慈悲を垂れて御返報がいただけるならば、比内郡の辺りに落としてください。その是非によって投降して急いで参上します」と述べられていたとなっています。

このことについて審議したところ、「返信を比内郡に置くようにということは、郡内に潜んでいるということなので、この地区を捜索すればよい」との結論になったとされています。

藤原泰衡死す

▼**9月3日**：この条には、泰衡がかつて家来であった河田次郎に殺害されたという出来事が書かれています。「泰衡は数千の軍勢に囲まれて、夷狄《いてき》島（北海道）を目指して糠部《ぬかのぶ》郡（八戸市方向）に向かう途中、以前からの家来である河田次郎を頼って比内郡の贄柵《にえのさく》（大館市二井田地区）に到ったところ、河田次郎が突然長年のよしみを変え、家来たちに泰衡を囲ませて首をとった。河田次郎はこの首を献上しようとして頼朝のもとに向かった」と記されています。

泰衡はまだ35歳の若さだったとされます。

▼**9月4日**：この条には、源頼朝は陣岡（岩手県紫波町陣ヶ岡付近）の蜂杜《はちもり》に陣を敷かれ、方々から軍士たちが参集したことが書かれています。「出羽国の敵を討ち平らげて参上し合流したので、軍士は郎従らを加えて二十八万四千騎となった。それぞれ白旗を打ち立てた。秋の尾花が色を混じえ、晩の月が勢をえていたという」と述べられています。

この条に、頼朝の兵力は28万と載っています。泰衡の軍は、8月7日の条に2万と記載されているので、10倍以上の大差になっています。短時間で決着がついたのは、兵力の差ということになると思われます。

▼**9月6日**：この条には、河田次郎が藤原泰衡の首を持ち、陣岡を訪れ、頼朝に会ったことが書かれています。頼朝は、「汝《なんじ》の行為は、ひとまずは功があるように見えるが、泰衡を捕らえることはすでに我が掌中にあったので、他人の武略は必要なかった。それなのに主人の首をさらした罪は、すでに八虐の罪にあたるもの」だとして、小山朝光に預けて斬罪に処したといいます。

この話は、歴史の本によく掲載されているので広く知られているところです。八虐とは辞書によると、謀反《むへん》・謀大逆《ぼうだいぎゃく》・謀叛《むほん》・悪逆・不道・大不敬・不孝・不義の罪のことと載っています。

▼**9月8日**：この条には、合戦の状況を記した文書を帥中納言藤原経房に渡すために、安達

新三郎清経が頼朝の使者として上洛（上京）した内容が書かれています。これには7月19日からの動きが簡潔にまとめられています。全文を掲載すると、「奥州の藤原泰衡を攻めるために、さる七月十九日鎌倉を出発し、同二十九日白河関を越えて討ち入り、八月八日阿津賀志山の陣の前で合戦して敵を討ち平らげました。同十日に阿津賀志山を越え、山の口で藤原秀衡の嫡男である西木戸太郎国衡が大将軍として向かってきたので合戦し、たちまち国衡を討ち取りました。そうしたところ泰衡が多賀の国府より北、玉造郡の内の高波《たかば》波《ば》と申す所に城郭を構えて待ち受けていました。二十日にそこに押し寄せたところ、さほど時を経ずに城は落ちました。ここから平泉までは五、六日の道です。すぐ追いかけました。泰衡の郎従らが途中で防戦しました。主な者どもは討ち取り、平泉に押し寄せたところ、泰衡は二十一日に平泉を落ち延びました。頼朝は二十二日の申の刻に平泉に着いたので、泰衡は一日前に逃亡したことになります。さらに追いかけて、今月三日に討ち取りました。その首を進上すべきではありますが、遠方である上、大した貴人でもなく、したがって進上することはしません。この旨を後白河院に言上なさってください。頼朝が謹んで申し上げます。　頼朝」となっています。

正男　以上、元治元年（1185）3月24日から文治5年（1189）9月8日までの4年余りを、義経と藤原氏に関係の深い部分だけピックアップして見てきました。大河兼任の挙兵は、このような背景があったことを前もって知っていると理解が深まると思います。

『吾妻鏡』には多くの事跡が掲載されています。ここに取り上げたものはほんの一部に過ぎませんが、読んでみていかがでしたか。

明子　現代語訳で読むと、８００年もの昔とは思えません。つい近年のように生々しく感じます。

人間の長い歴史は、権力闘争の繰り返しだったわけですね。義経は31歳、藤原泰衡は35歳、自分の子供よりも若い命を落としたと思うと悲しくなります。権力闘争に巻き込まれると恐ろしいものだと感じました。116ページ5月24日の条を読むと、悲しさが込み上がってきました。「兄弟仲良く暮らしたい」と義経は懇願していますが、許されませんでした。また、138ページ8月26日の条には、泰衡が「遠流《おんる》（流刑）でもよいから死罪を免じてください」と訴えても、これも許されませんでした。泰衡は領地の拡大も頼朝打倒という野心も一切なかったようです。東北の一地域で静かに過ごすことを望んでいたはずです。それなのに、あれやこれやと言い掛かりを付けて攻め滅ぼしました。権力者はこんなにも非情なものでしょうか。

正男　現在の日本は永く平和が続いているので、「今の世ではとても考えられないこと……」と思いがちですが、世界に目を向けると、昔と少しも変っていないと思われることが多くあります。例えば、北朝鮮の粛清《しゅくせい》です。これは残酷な処刑だったようです。またロシアでは令和5年と6年に、現政権を批判したとして闇に葬られた人物が複数いたというマスコミの報道がありました。ロシアのウクライナ侵攻は、頼朝が平泉を侵略した行為と全く同じです。この戦争での死者は20万人とも言われています。さらにイスラエル、イスラム組織ハマスなどの中東紛争も起こっており、多くの犠牲者（3万5000人とも）を出しています。この報道を目にすると、人間は1000年前と同じだと思えてきます。これは人間の性《さが》なのでしょうか。悲しいことです。

明子　本当にそう思います。このようななかで、天皇・朝廷は戦いを避け、穏便に事を治めたいとする考えが随所にみられますね。「今となっては弓矢を収めよ」という言葉も出ています。天皇は800年の昔から平和主義者だったと思うととても心が救われます。

正男　日本は昔から天皇を崇拝してきました。武士の台頭によって朝廷の力は衰えたようですが、それでも頼朝は義経や泰衡を倒すときに天皇・朝廷の許可を得ながら事を運んだことが述べられています。これは、豊臣秀吉や徳川家康などの天下人であっても同様で、天皇を自分よりも上の存在として奉ったようです。長年続いたこの伝統は、日本が世界に誇れる文化だと思います。

明子　もう一つ付け加えることがあります。現代語訳の解説の中に、とてもショッキングなことが記載されており驚きました。それは「藤原泰衡の首が金色堂に現存」という箇所です。８００年の時空を超えて悲しみが込み上がってきました（合掌）。

正男　『現代語訳　吾妻鏡』は全16巻になっています。今回私は大河兼任に関係がある2・3・4・5巻だけしか目にしていませんが、とても勉強になりました。この本作りが一段落したら全巻を読んでみたいと思っています。歴史の勉強になるだけでなく、読み物としても薦めたい書籍の一つです。

五話

大河兼任から学ぼう

一、地方創生の旗を掲げよう

明子　『吾妻鏡』から当時の政治情勢を学んで、大河兼任が頼朝に挑んだ理由が少しばかり分かってきました。一つは、頼朝が新しい地頭を秋田にどんどん送り込んだことにより、自分の立場が危うくなったことへの私憤。もう一つは、東北地方をどんどん侵攻していく中央勢力への反発、いわゆる公憤です。兼任の本心は、平氏や藤原氏を滅ぼした頼朝の強力な軍事力に勝てるとは思っていなかったかも知れません。でも、そのままじっとしていることは許されないと立ち上がったものではないでしょうか。私憤であれ、公憤であれ、私はこの気概が素晴らしいことだと感じました。

正男　私も同感です。前にも述べたように私たち秋田人は、中央に対して必要以上に気遣いしながら生きてきたという歴史があるのではないでしょうか。

　このようななか、大河兼任の行動は秋田人らしくない気骨のあるものだったと思います。私たちはこのような先人を持ったことに誇りを感じ、もっと兼任を評価し見習うべきです。もちろん、現在は民主主義の世の中ですから、暴力やテロなどは許されません。言論や行動で堂々と中央と渡り合うべきだと思います。第二の兼任、第三の兼任と続くべきです。

明子　そうですね。何年か前、当時の橋下徹大阪府知事が、「こんなボッタグリバーのような書類は受け取れない」と言って霞が関に乗り込んだことを思い出します。この様子がテレビで放映され、「ずいぶん威勢のいい人だなあ、秋田県人にはない勢いだなあ」と思ったものです。

正男　一口で言うと秋田県人はおとなし過ぎますね。このようななかで思い出すのが、大潟村の青刈り騒動です。昭和50年代に稲作の上限面積を巡って大騒動がありました。この時、過剰作付け派の人たちは、農林省（現農水省）に対して敢然と立ち向かっていきました。秋田県人らしからぬ行動でした。私は順守派だったので考えが違いましたが、この気概はとてもすごいと感じました。

地方創生

明子　それでは今後、秋田県人は何をどうすればよいでしょうか。

正男　何と言っても地方創生ですね。地方創生の旗を掲げて、その処方箋を出すことです。私ごとになり恐縮ですが、令和2年12月に『秋田・ムラはどうなる』(秋田文化出版）を発行しました。これには、「秋田県の人口約30％減少⇩昭和31年の約１３５万人が令和元年には約96万人に!!」。「秋田県の児童数約80％減少⇩昭和33年の約22万人が令和元年には約４万人に!!」となっており、危機的状況にあると訴えました。今、対策を講じなければ、40年後の秋田県の人口は25万人まで落ち込んでしまう、政治や行政に携わる人たちは危機意識を持って取り組んでほしいと問題提起したのです。そして、この本を主だった県議会議員、国会議員、有識者、新聞社などに送りました。だが、上川陽子衆議院議員（令和6年8月現在外務大臣）が、「岸田文雄内閣が〝デジタル田園都市国家構想〟を打ち出しているので、これに期待してほしい」旨の返信があった以外は、ほとんど反応がありませんでした。

明子 残念ですね。内容が粗末だったためページをめくってもらえなかったのでしょうか？

正男 内容の是非ではなく、危機意識が薄かったからだったと思います。要するに地方創生に対する本気度が無かったからでしょうね。また、問題が大き過ぎて「何をどうすればどうなる」という具体的な政策の展開を描けなかったこともあると思います。

そして丸3年が経過した令和6年の年明け早々、秋田魁新報は「地方創生　失われた10年とこれから」のタイトルで特集を組み、随時掲載を行っています。これを読んだ方は多くいることでしょう。私が本を出した令和2年当時と比べ、地方創生に対する考え方も変わってきたものと思います。

ここで拙著『秋田・ムラはどうなる』の中から、基本部分をもう一度掲載し、再び地方創生を主張します。

■日本創生会議から発行された『地方消滅』

平成26年（2014）8月、『地方消滅』という本が発刊された。

これは「日本創生会議」（増田寛也氏を中心にした有識者の会）が5月に発表したものを冊子にしたものである。2040年には日本の896町村が消滅しかねないというというショッキングな内容であり、多くの人が目にされたことであろう。しかし、6年経った今、この衝撃さは薄らぎつつあるように思う。人間の心は時間の流れとともに忘れるようにできているのだから。

私たちは、「過去」「現在」「未来」の時間軸で生きている。過去のことが次第に忘れられていくように、未来についても深く考えないのが普通ではないだろうか。だが、児童数の減少が将来「ムラ（中山間地）消滅」へと進んでいくことを心にとどめなければならない。

■国の地方創生政策

「日本創生会議」の発表から3カ月後の9月、安倍晋三内閣は「まち・ひと・しごと創生本部」を発足させ、地方創生を掲げた。この中には看板政策とも言える「地方移住促進」「中央官庁の地方移転」「企業の地方移転」がある。しかし、6年経った今、目に見える成果が上がっていない。むしろ、この6年間で地方は少子高齢化と人口減少が加速し、東京圏の一極集中が止まらない状況である。看板倒れと言える。

だが、よく考えてみれば政府だけを一方的に攻めることはできない。地方にも責任があるように思う。国が何かをやってくれるだろうと腕組みをして待ち望んでいた面があるのではないだろうか。せっかく政府が旗を揚げたのだから、県や市町村はこれに応えて、「ここにこのような企業を」「ここには某施設を」と強力に要望しただろうか。「笛吹けど踊らず」の言葉があるが、国が笛を吹いても、肝心の地方が踊らなかった反省があるように思えてくる。政府は、頑張る地方を応援すると言っているのだから。

でも、国の地方創生政策は打ち切られたわけではない。今からでも遅くはないので、「企業の移転」「官庁の移転」「国の研究所の誘致」を積極的に運動すべきである。

令和2年の新しい年がスタートして間もなく発生した新型ウイルスコロナ禍は大都市の弱さを露呈した。令和2年8月6日の秋田魁新報の社説は「地方回帰の潮流を逃すな」と主張している。ものを行うには潮時ということがある。潮目が変わろうとしている今、地方は声を上げなくてはならない。

イージス・アショアの秋田市新屋配置計画では、地元住民を中心にした強力な反対運動が功を奏し、国に計画を撤回させた勢いが秋田にはある。このパワーを今度は、△△誘致運動に替えていったらどうだろうか。例えば、「農水省を秋田県に」という大胆な運動を起こしてもいいのではないだろうか。

■首長・議員の仕事は「食い扶持をつくる」こと

令和2年3月30日の秋田魁新報に、内閣官房長官・菅義偉《すがよしひで》（元内閣総理大臣。湯沢市秋ノ宮出身）と姜尚中《カンサンジュン》氏（政治学者）との対談が掲載されていた。菅氏は「政治家の仕事は国民に食《く》い扶持《ぶち》をつくることだ」と強調していた。私は全くその通りだと思った。政治行政の仕事は、身近なことから外交まで幅広いが、大局的には国民に働く場（就労の場）をつくり、所得を確保することである。

これは地方も同じである。首長・議員の仕事は「食い扶持をつくること」である。地方には地方の諸問題が山積している。だが、これに明け暮れして働き場をつくるという大局をおろそかにするようなことになってはならない。「木を見て森を見ず」になってはいけないのである。

私の偏見かもしれないが、農山村部の議員の多くは、人口減少問題に消極的なような気がする。「時代の流れだから仕方がない」「もがいてもなるようにしかならない」というあきらめムードになってはいないだろうか。

働く場を創出しないこと以外に、農山村の再生はない。棚上げにしないで、議員は真っ向から取り組むべきである。

■地方創生は働く場を創ることに尽きる

今、農山村部を訪れて耳にするのが、「農業もダメ、林業もダメ、大工も、商店もその通りだ。それなりに生活しているのは役場職員と農協職員だけだ」という言葉である。地区の状況をよく表していると思う。

そうであれば、すべてが公務員や農協職員になれば問題が解決するのであるが、定員があるからそうはいかない。これに代わるものとして企業を誘致して就労の場をつくる以外に方法がないのである。

これを裏付ける事例（証拠）を3点挙げてみる。

〔その1〕

鉱業が盛んだった頃の秋田県内には多くの鉱山町があった。大葛金山（大館市）、宮田又鉱山（大仙市）、院内銀山（湯沢市）などは、狭い谷間にびっしり住宅が並び、都市並みの活気があったという。

これは安定した職場があれば、どんな奥地でも繁栄するという証拠である。

〔その２〕

序章で秋田県の人口は昭和31年（１９５６）の１３４万９９３６人をピークに年々減り続けたと述べたが、正確にはそうではない。昭和54年（１９７９）には人口が増加に転じている。

もう少し詳しく述べると、昭和52年に１２４万７２８７人に下がった人口は、同54年には１２５万９６５人と増加に転じ、同56年には１２５万８１６４人まで回復した。同60年までは１２５万人を保ったが、同61年には１２５万人を切り再び減少をたどった。

昭和54年から60年までの６年間に何があったのだろうか。それは働く場が拡大されたのである。

昭和55年11月11日の毎日新聞は、「県内人口着実に回復」「29市町村で大幅増か」「雇用の場が拡大」の見出しで、「５年に１回の国勢調査による人口は昭和35年から４回20年間続けて減少しており、増加に転じたのは同30年の調査以来のこと。人口増の地域は県都・秋田市だけでなく本荘、大曲など地方都市にも広がっており、県は〝地域ごとに雇用の場が拡大したあらわれ〟と評価している」と述べている。

〔その３〕

東成瀬村の人口は、昭和30年が６２５２人、現在（令和２年）は２５０５人となり、約

60%減少している。だが、ここ2、3年は人口が増加している。それはダム建設が行われているからである。

令和2年6月、本書に掲載する写真撮影のため東成瀬村を訪れた。成瀬ダム建設の最中で、工事車両が絶え間なく走っていた。突然大きな集落が目に入ったので近付いてみたら、工事関係者のプレハブ住宅の集まりだった。ちょっとした街《まち》のように建物が並んでいた。仕事があれば、人間が集まり、このように街ができることを実感した。

この人たちが人口増につながっていることが分かった。

それでは具体的に何をどうすればよいのだろうか。

■旧小学校区を単位に企業の誘致を

序章で旧小学校の学区は、住民の連帯意識が強く、生活圏の基礎であったと述べた。（略）どの学校も「グラウンドの拡張」「バックネットの取り付け」など住民総出で勤労奉仕しながら小学校の維持に力を合わせたことだろう。このように小学校は地区の拠《よ》り所であった。この砦《とりで》とも言える学校が無くなってから地区は急速に寂れてしまった。この小学校区に企業を誘致するのである。

旧上岩川小学校（三種町）を例に挙げると、二階建て鉄筋コンクリート造りの校舎がそっくり残っており、広いグラウンドやプールもそのままだ。ここに企業を誘致するのである。グラウンドやプールは厚生施設として使用すればよい。グラウンドやプールを備えた会社はそんなにないのではなかろうか。

このほかにも校舎がそっくり残っているところが多くある。

■「教育の機会均等運動」から学べ

昭和30年代に入ると「教育の機会均等」が叫ばれ、教職員を中心に運動が広がった。農山村部の学校も都市部の学校と同様の教育環境の実現を旗印にしたものだった。この運動は全国的なうねりとなり、その結果、どんな片田舎の学校も鉄筋コンクリート造りの立派な校舎が建ち、設備や教材は都市部と同様に充実し、教員の数も大幅に増えた。

最初は誰も「都市と同じ条件になるはずがない。夢みたいな話だ」と思ったことであろう。だが実現したのである。実現すると、人間の気持ちは不思議なもので、それが当たり前のように思ってしまう。「コロンブスの卵」である。

■「働く場の機会均等運動」を起こそう

多くの人たちは「旧小学校区に企業の誘致なんて、そんなことができるはずがない」と思うだろう。これは固定観念である。この悪い固定観念を捨て「教育の機会均等運動」の精神と実践から学びとり、「働く場の機会均等運動」を起こすのである。

「教育の機会均等運動」は教育関係者によって行われた。「働く場の機会均等運動」は、市町村議、県議など地方議員が役目を担うべきである。全国の議員が連携し、全国的な運動を展開して政策の大転換を求めるのである。

地元に仕事があれば、何も県外に就職する必要がなくなり、若い人たちが残る。若い人たちがいれば子供ができる。子供の声が聞こえればムラは明るくなり、地域は活性化するのである。

同じことの繰り返しになるが、ムラ再生のカギは「働く場の創出」に掛かっている。

■今こそ議員は立ち上がれ

（略）……議員の多くは立候補時に総花的にたくさんの公約を掲げている。首長と似たような政策である。首長は地域、住民すべてを配慮し、バランスのとれた政策を掲げなければならないが、議員は自分が特に実現したいものを強調し、独自のカラーを出すべきだと思う。農業、福祉、教育など自分の得意分野に力を傾注するのである。総花的に公約を羅列した議員は、何も足跡を残さないで任期を終えてしまう人だと私は思っている。

そこで、市町村議や県議にお願いがある。「働く場を創出し、人口の増加に全力を注ぐ」という公約を第一番に掲げ、実行に移してくれる人が多く出てきてほしいと。

■将来を見据えることが大事

前にも述べたが、人間は過去・現在・未来の時間軸で生きている。このなかで私たちはどうしても現在のことに心を奪われがちになる。令和2年の年明け早々起こった新型肺炎コロナ騒動。7月初めの熊本豪雨から始まった日本各地の洪水被害。このように今起こった問題には真剣になるが、20年後、30年後の話になると、どうしても本気度が今一になってしまう。これは人間の性《さが》かもしれないが、働く場の創出をおろそかにすれば、近い将来、コロナ禍以上の社会問題が生ずることになる。今、対策を講じなければ手遅れになることを心に刻まなければならない。

■結び

働く場があれば　人が集まる

人が集まれば　ムラが活気づく
ムラに活気が戻れば　若い人が増える
若い人が増えれば　子供ができる
子供の歓声が聞こえれば　ムラが明るくなる
　そしてムラは再生する

働く場の創出なくして　ムラの再生はない
　今やらないと手遅れになる

明子　秋田県の人口は、令和2年に95万6346人でしたが、同6年7月1日現在は89万9314人となり、4年間で5万7032人も減少してしまいましたね。80万人台となるのは、初めて国勢調査が行われた大正9年（1920）以来、104年ぶりとのことです。また、児童数は同元年に4万1381人でしたが、同6年4月は3万5726人となり、5年間で5055人も減少しています。地方創生の対策が急務ですね。

正男　まったくその通りです。もたもたしていられないと思います。大河兼任は平泉藤原氏の滅亡後、4カ月で決起しました。秋田県のトップはこのような覇気と行動力を兼任から学びたいですね。

明子　もう数カ月で知事選（令和７年４月）があります。あるいは、その前に衆院解散による国会議員の選挙があるかも知れません。大河兼任のような実行力のある人の出現を望みたいですね。

正男　この項を書き上げた矢先の６月24日、元総務相増田寛也氏がメンバーとなっている民間組織「人口戦略会議」から「国内７４４自治体が消滅可能性を指摘」する報告書が公表されました。10年前の「日本創生会議」の発表を踏襲したものです。「消滅」という強烈な言葉を使用したのは、本気度を強く出させるため、あえてショッキングなことを言ったのだという。ショックを受けた後、どうするかが大切なのです。

秋田県は25市町村のうち、24市町村が消滅の可能性があるとされます。今こそ有効な対策を打ち出さなければならないのではないでしょうか。

二、秋田からのミニ主張

秋田弁で話そう

明子　何も「地方創生」という大きなことばかりではなく、ごく日常の一般的なことでも言えるのではないでしょうか。例えば「秋田弁を大いに使おう」ということもその一つと思いますが……

正男　私が中学校を卒業したのは、昭和33年（１９５８）３月です。進路は、「進学」「家業の手伝い」「就職」が約3分の1ずつという割合でした。首都圏に就職した仲間たちは、秋田弁を冷やかされたり、バカにされたりして、肩身の狭い思いをしながら日々を送ったと、同級会の度に話していました。60数年が経った今、時代は大きく変わりました。堂々と秋田弁を使っていきたいものです。特に県選出の国会議員は、永田町で大いに秋田弁を使用してほしいと思いますね。

時代区分は年代で表そう

正男　私が中学生の時、１００年を単位とした時代区分として「世紀」という用語を学びました。

歴史の授業の時、㋑「西暦100～199年を2世紀」、㋺「200～299年を3世紀」と呼ぶと教わり、ちょっと理解できませんでした。㋑は1世紀、㋺は2世紀ではないかと思ったのです。この気持ちは60数年が経過した今も変わっていません。「18世紀中頃……」と言われても一瞬まごついてしまいます。「1700年代中頃……」とした方が分かりやすいと思います。

世紀という言葉は、一般用語としてはいい表現ですが、歴史の時代区分には向かない気がします。中央がどうであれ、秋田県から年代で表現することを進めたらどうでしょうか。

明子　言われてみればそうですね。秋田県の郷土史・歴史家のみなさんはどう思いますか。

部落の言葉を使用しよう

正男　私が大潟村に入植したのは昭和45年（1970）です。それまで秋田県では集落のことを「部落」と呼んでいました。それが昭和50年代に起こった同和問題により、「部落は差別用語」という声が高まり、今では秋田県からこの言葉が聞かれなくなりました。今では死語のような感じになっています。

同和問題の「部落」と、古くから使用されてきた秋田県の「部落」とでは、言葉の起こりも内容も全く違います。同じ用字だからと言って改める必要がなかったのです。中央に気を遣い過ぎた結果ではないでしょうか。

明子　静岡県の親戚では、「こちらではみんな部落と言っているよ」と語っています。また、民放テレビで「ナゼそこ?」や「ポツンと一軒家」という番組が放映されています。私は山の生活に関心があるので毎週見ていますが、登場する人たちは、「この部落には昔は家が何軒あったよ」とか「ここから何㎞ほど離れた何々部落は、今は一軒だけしか暮らしていないよ」などと、部落という言葉を使用していることが多くありました。秋田県でも気を遣わずに大いに使用していきたいものです。

和暦の使用を

明子　現在、どの新聞も西暦を使用し、カッコ内に和暦を載せています。いつからこうなったかは定かでありませんが、昭和の代には和暦を使用していました。和暦は日本の伝統文化です。極力和暦を使用したいものですが……

正男　全く同感です。中央が使用しているから秋田でも取り入れなければという考えは持つべきでありません。「秋田は遅れているね」などと言われても気にしないことです。隣町の八郎潟町には「湖畔時報」という地域の新聞社があり、私も購読しています。この新聞は和暦を使用しています。これからも持続してほしいと思います。

ただ、ここで誤解しないでほしいのは、「秋田弁」も「部落」も「和暦」も、当人が希望するのであれば、それはそれで使用すればいいのです。私が言いたいのは、使用したいけれども中央に合わせなければならないため、無理に使っているということは改めるべきだと言いたいのです。

あとがき

まえがきのところでも述べたが、大河兼任について少しでも謎を解きたいとの思いから始めたのですが、解明するどころか謎が深まる結果になってしまいました。兼任の本拠地は従来の「八郎潟東岸」でよいのか、それとも「仙北郡」なのかまで発展しました。この問題はそう簡単に解けそうもありません。しかし一方で、『吾妻鏡』を読むに従い兼任の実行力を高く評価するようになり、そして「地方創生」にまで及びました。スタートは順調に滑り出したのですが、その後は蛇行を繰り返しながらのゴールでした。出発と着地がこのように大きくぶれたのは、本作りをして初めてのことです。また、転載書籍を多く使用したことも初めてです。今回は異例ずくめの本作りでした。

本作りをしての喜びは、地域の方々との出会いです。今回の伝説調べでは、昔話をしながら語り合い楽しい一時を過ごすことができました。近野一彦さん、近野格也さん、伊藤貞二郎さん、畠山重直さん、門間宗一郎さんには厚くお礼申し上げます。

大潟村は今年「村創立60周年」です。この記念の年に発刊でき喜びも大きいです。

この度の出版に当たり、前回同様、秋田文化出版の皆様に大変お世話になりました。感謝申し上げます。

82歳の誕生日を目の前にして

転載書籍及び引用文献

『吾妻鏡』（吉川弘文館・昭和62年）
『現代語訳　吾妻鏡　2巻』（五味文彦・本郷和人編・吉川弘文館）
『現代語訳　吾妻鏡　3巻』（五味文彦・本郷和人編・吉川弘文館）
『現代語訳　吾妻鏡　4巻』（五味文彦・本郷和人編・吉川弘文館）
『現代語訳　吾妻鏡　5巻』（五味文彦・本郷和人編・吉川弘文館）
『昭和町史』、『飯田川町史』、『井川町史』、『八郎潟町史』、『五城目町史』、『琴丘町史』、『八竜町史』、『若美町史』、『男鹿市史　上巻』、『天王町誌』、『横手市史　原始・古代・中世編』、『図説　秋田県の歴史』、『秋田県の歴史』、『秋田大百科事典』、『秋田県の地名』、『秋田　人名大事典』、『北緯四〇度の秋田学』、『秋田トリセツ』、『古戦場―秋田の合戦史』、『大河次郎兼任の時代』、『菅江真澄遊覧記4』、『菅江真澄・秋田の旅』、『埋もれた巨人の足跡』、
これらの書籍については文中に発行年と著者名を記したので、ここでは省略します。

著者略歴

佐藤晃之輔《さとうこうのすけ》

昭和17年（1942）8月　秋田県由利本荘市東由利老方字祝沢に生まれる

昭和45年（1970）11月　第4次入植者として大潟村に移る

所属団体　大潟村文化財保護審議委員　秋田県文化財保護協会会員

菅江真澄研究会会員　秋田県歴史研究者・研究団体協議会会員

著　書　『秋田・消えた村の記録』（平成9年・無明舎出版）

『秋田・消えた分校の記録』（平成13年・同）

『秋田・消えた開拓村の記録』（平成17年・同）

『伊能忠敬の秋田路』（平成22年・同）

『祝沢・分校と部落のあゆみ』（平成6年・私家版）

『高村分校の軌跡』（平成8年・私家版）

『小松音楽兄弟校歌資料』（平成15年・私家版）

『秋田・羽州街道の一里塚』（平成25年・秋田文化出版）

『秋田・消えゆく集落180』（平成29年・同）

『秋田・ダム湖に消えた村』（平成29年・同）

『秋田・八郎湖畔の歴史散歩』（平成30年・同）

『秋田・ムラはどうなる』（令和2年・同）

『大潟村一農民のあれこれ』（令和3年・同）

『秋田・道路元標&旧町村抄』（令和4年・同）

『秋田・大潟村の話しっこ』（令和5年・同）

源頼朝に挑んだ秋田人・大河兼任

二〇二四年十月一日　初版発行

著者　佐藤　晃之輔

発行　秋田文化出版株式会社
〒〇一〇—〇九四二
秋田市川尻大川町二—八
TEL（〇一八）八六四—三三二二（代）
FAX（〇一八）八六四—三三二三

＊

ISBN978-4-87022-619-7
地方・小出版流通センター扱